オール・イラスト 新版
ハングルの初歩の初歩

金 容権 著

南雲堂

イラスト/カヤ・サキ
　　　　ヤマモト・スエ

CDの収録個所

Track	1	タイトル
Track	2	pp.10〜13
Track	3	p.15, p.17, p.21
Track	4	pp.23〜28
Track	5	pp.29〜31
Track	6	pp.40〜49
Track	7	p.50
Track	8	pp.51〜52
Track	9	pp.53〜55
Track	10	p.56
Track	11	p.57
Track	12	pp.58〜60
Track	13	p.61, p.63
Track	14	pp.64〜67
Track	15	pp.70〜75
Track	16	pp.77〜82
Track	17	p.83, p.84
Track	18	p.85, p.86
Track	19	p.87, p.88
Track	20	p.89
Track	21	p.90, p.91
Track	22	pp.92〜95
Track	23	pp.96〜98
Track	24	p.99, p.100
Track	25	p.101
Track	26	p.102, pp.103〜121
Track	27	p.122, pp.124〜133
Track	28	pp.134〜141
Track	29	pp.142〜145
Track	30	pp.146〜149
Track	31	pp.150〜152
Track	32	p.158

―まえがき―

ハングルとは何でしょう？

●文字●

　ハングルとは朝鮮文字のことであって、けっして朝鮮語あるいは韓国語を意味するのではありません。いわば、ハングルは日本の平仮名やカタカナに相当するものだと言っていいでしょう。にもかかわらず、「ハングル」イコール「朝鮮語」ないしは「韓国語」と思われているのは、一つは朝鮮語におけるハングルの位置の重要性と象徴性があげられます。もう一つは、南北に分断している現状により、「朝鮮語」あるいは「韓国語」という呼称を避けるための苦肉の策からきていると思われます。このことはNHKの「朝鮮語講座」の開設にあたって、いろいろ議論されたあげくその名称が「ハングル講座」におちついたところにも端的に表われています。したがって本書では、こうした事情を考慮してハングルを朝鮮語の意味で使うこともあります。

　ところで「ハングル」の意味するところは、「ハン」が「大きい、立派」で、「クル」（ハンと同時に読むとグルになるが、切り離して単独に読むとクルと濁らないで発音する。26ページ）は「文字」です。朝鮮民族が自分たちの作った文字をこのような名称をつけて誇るほど、ハングルは独創性に富み、かつ科学的合理性をもつことは、ささやかなこの本を通じても理解されるはずです。

●単語と語順●

　朝鮮語と日本語はよく似ているといわれていますが、いったい何をもって似ているというのでしょうか。文字を見ても、ㄱやㅁあるいはㅈ、ㅏ、ㅜ、ㄹなどは、何か角ばったところがカタカナと似ているようですが、やはり違います。また、在日朝鮮人の一世や韓国から日本にやってきた人たちの話を聞いていても、早口でしかも抑揚（イントネーション）の激しいしゃべり口は、何か日本語よりも中国語に似ていると思わせるほどです。

　それでは、ハングルと日本語の類似点は何かといえば、ひと言でそれ

は単語と語順にあるといえましょう。まず単語は、語源的にみて日本語のある部分は朝鮮語に見出せるものも少なくありません。そのうえ両者ともに漢字の影響を著しく受けているので、この面からも共通点は少なくありません。一説に、朝鮮語名詞の60パーセント以上が漢字言葉だといわれています。

つぎに語順ですが、朝鮮語と日本語の語順（言葉の順序）はきわめてよく似ており、初心者には同じものだと理解してもらって差し支えないでしょう。語順が同じであるために、単語を憶えると、それをすぐ実際に使うことができます。英語やフランス語ではいくら単語を知っていても、即それを使うことはできませんが、朝鮮語の場合は語順が同じなので、日本語のように並べればいいわけです。そのうえ、朝鮮語には日本語ときわめてよく似た助詞があり、すでに日本語を知っている者にとっては、大きな助けとなります。

●発音●

朝鮮文字のハングルは、発音記号をそのまま文字化したものと考えていいわけです。発音上の細かい違いをすべて文字で表わすために、21の母音（基本母音は10）と19の子音（基本子音は14）があり、その組合せによってハングルが構成されています。そのために、発音は英語やフランス語にまけず劣らず難しく、また文字を憶えるのもひと苦労しますが、しかし発音記号がそのまま文字になっているので、一度憶えてしまうと文字を読むことは比較的たやすいといえましょう。

このことを英語と比較しながら例で示せば、英語のaは、nameの場合は[néim]、narrationの場合は[nəréiʃən]、wallの場合は[wɔ́ːl]、partyの場合は[páːrti]と、さまざまに発音されますが、ハングルは発音記号がそのまま文字となったものと考えていいわけなので、それぞれの発音記号に見あう文字の表記があるわけです。したがって、ハングルにおいては、当然のことながら発音記号は必要ありません。

ハングルを憶えるのは困難で、さらに発音となるとさらに難しいわけですが、それでも英語やフランス語を学ぶのに比べ、朝鮮語は日本人にとって最も学びやすい外国語です。大たんに言えば、英語やフランス語学習の10年は朝鮮語ならおよそ1年か2年で足りるだろうと言い切ることができます。半年から1年くらい、日に30分から1時間地道に学ぶと、

不思議なほど面白さを感じてくるのも朝鮮語の特徴だと言えましょう。それまでヨーロッパの言葉をいくらやっても確かな手ごたえがなく、異和感を抱きつづけた経験のある方は、朝鮮語の学習によって、溜飲が下がるほどの爽快感を味わうことでしょう。それは、朝鮮語がそれ自体としてやさしいということでなく、日本語の体系をすでに身につけているために、それを変えることなく、そのまま朝鮮語の学習にほとんど流用し、活用することができるからです。

とはいっても朝鮮文字のハングルは、日本では英語やフランス語などのアルファベットに比べて、一般化されていないために異和感があることは否めない事実です。

たとえば、英語では subordination、extricate などのそれほど馴染みのない単語でも、意味はわからなくても、発音は、［サボーディネーション］、［イクストリケート］と読むのではないかと推測することができるはずです。ところが、これが朝鮮語になると逆のことがおきます。例はそれほど多くありませんが、日本語になっている朝鮮語を拾って、チョンガー、キムチ、カルビ、ナムルなどをハングルで、총각、김치、갈비、나물と書けばその文字からキムチのキも連想できないのが現実でしょう。

こうした現実の第一の原因は、欧米偏重の日本の教育制度にあることはいまさら言うまでもないことです。こんなことを言っても始まらないのですが、隣国の言葉でしかも学びやすい言葉を等閑視してきたことは何とも寂しい限りです。

ともあれ、朝鮮語の学習においては、ハングルに馴染むことが何よりもたいせつです。この点に心掛けて、本書はハングルに親しめるように書いてみました。したがって、文法的な規則などについてはほとんど触れていません。そうしたことについては、本書の姉妹篇とでも言うべき『朝鮮語単語文法活用辞典』や『入門ハングル文法と会話』（二冊とも南雲堂刊）で学習を進めていくとよいでしょう。

なお本書の正書法は韓国で採用されているものに従っています。南北の相違については156ページを参照してください。

目 次

- —まえがき— ハングルとは何でしょう？……………③
- 朝鮮語——その日本語との類似性 ……………⑪
- ハ ン グ ル……………………………………⑬
- ハングルの母音と子音……………………………⑮
  - ◆基本母音の書き方 ⑯　◆基本子音の書き方 ⑱
  - ◆複合形子音の書き方 ㉒
- ハングルの母音と子音の発音……………………㉓
  - ◆母音の発音について ㉓　◆子音の発音について ㉖
- ハングルの構成——1 ……………………………㉙
  - ◆ハングルの書き方 ㉜
  - ◆絵を見て簡単な単語を憶えましょう ㊵
  - ◆簡単な漢字語を憶えましょう ㊿
  - ◆簡単な外来語を憶えましょう ㊼
  - ◆簡単な動詞を憶えましょう ㊳
  - ◆簡単な形容詞を憶えましょう ㊶
  - ◆簡単な副詞を憶えましょう ㊷
  - ◆簡単な文を読んで憶えましょう ㊸
- ハングルの構成——2 ……………………………㊽
  - ◆받침(パッチム)の一覧 ㊽
  - ◆받침(パッチム)のある単語 ㊽
  - ◆받침のある動詞を憶えましょう ㋀
  - ⦿いろいろな家具の名前 ㋄

リエゾン……………………………………………………⑯
　　　⊙主な韓国のタバコ　⑱
朝鮮語の基本的な助詞……………………………………⑳
　●日本語の～がには、가と이が使われる　⑳
　●日本語の～はには、는と은が使われる　㉕
　●日本語の～をには、를と을が使われる　㉗
　●日本語の～のには、의が使われる　㉙
　●日本語の～にには、에と에게が使われる　㉚
　●日本語の～からには、에서、에게서、부터が使われる　㉜
　●日本語の～へ、～では、로と으로が使われる　㊱
　●日本語の～とは、～와と～과が使われる　㊴
　●日本語の～もは、도が使われる　㊶
日常用語集……………………………………………………⑫
　◆数字　⑫　　◆時間　⑭　　◆日にち　⑮
　◆曜日と週と時など　⑰　　◆季節　⑲　　◆方向　⑩
　◆こ・そ・あ・ど　⑫　　◆人称　⑬
　◆お店・商店・店屋　⑮　　◆道路・交通　⑰
　◆公共施設・官庁など　⑱　　◆料理　⑲
　◆喫茶店　⑳　　◆お酒　⑳　　◆ホテル・旅館　㉑

ごく簡単な会話………………………………………⑫
　◆인사(あいさつ)　⑫　　◆이것・저것(これ・あれ)　⑭
　◆김치(キムチ)　⑰
　◆나・당신・누구(私・あなた・誰)　⑲
　◆소개(紹介)　⑳
　◆길을 물을 때(道をたずねるとき)　㉜

ごく簡単な動詞の活用………………………………㉞
　◆경어(敬語)　㉞
　◆현재・과거・미래형(現在・過去・未来形)　㊱

動詞・形容詞の基本活用表…………………………⑭
主要動詞の活用………………………………………⑭
　　◉韓国の童謡　⑮

例外的な読み方の規則………………………………⑬
辞書の引き方…………………………………………⑮
南北ハングル事情……………………………………⑯
　　◉体の名称　⑱

가족 (식구)

朝鮮語──その日本語との類似性

「まえがき」で、朝鮮語は日本語とよく似ていると述べましたが、その根拠を「語順」と「単語」におきました。それでは、何はともあれ実際の例によって示してみましょう。

(1) 나는 조선 사람이다.
　　 ナヌン　チョソン　サラミダ
　　 私は　　朝鮮　　　人　　だ。

※ 韓国人は　한국사람
　　　　　　ハングクサラム
　 日本人は　일본사람
　　　　　　イルボンサラム

⇨ 朝鮮語のピリオドは、よこ書きの場合は黒丸(．)で、たて書きの場合は日本語と同じく白丸(。)です。　なお、よこ書き、たて書きを自由にでき、しかもいずれの方法で書いても不自然に見えないのは、おそらく中国語(漢字)、日本語、朝鮮語ぐらいでしょう。

(2) 일본은 동양에 있다.
　　 イルボヌン　トンヤンエ　イッタ
　　 日本は　　　東洋に　　　ある。

(3) 책이 책상 위에 있다.
　　 チェギ　チェッサン　ウィエ　イッタ
　　 本が　　机　(の)　　上に　　ある。

(4) 형님이　공부를　하고　있다.
　　ヒョンニ ミ　コンブルㇽ　ハ ゴ　イッ タ
　　兄さんが　　勉強を　　　して　いる。

(5) 어머니가 부엌에서 음식을 만들고 있다.
　　オ モ ニ ガ　プ オ(ッ)ゲ ソ　ウムシグㇽ　マンドゥㇽ ゴ　イッ タ
　　お母さんが　　台所で　　　食べ物を　こしらえて　いる。

　以上(1)〜(5)までの例からもわかるように、朝鮮語の下に訳してある日本語が、そのまま朝鮮語の意味に対応しており、語順はまったく同じだといってもよいでしょう。さらに、日本語の文章は、単語と単語の関係とつながりを明らかにするために、助詞や語尾変化(動詞・形容詞など)がありますが、朝鮮語にもそれに相当するものがあり、なおのこと似ているといえましょう。これらについては、おいおい説明していくことにします。　※朝鮮語といっても、韓国語といっても中身は変わりません。

ハングル

　ハングルとは朝鮮文字のことであることは「まえがき」で述べた通りです。ではハングルの独創性といい、科学性といい、また合理性というのは、いったい何を根拠にしていうのでしょうか。このことを、日本語のカナを引き合いに出しながらつぎに説明することにしましょう。
　日本語の**カ、サ、タ、ナ、ラ、マ**などをローマ字で記せばつぎのようになります。
　　ka、sa、ta、na、ra、ma
　ローマ字では、母音の共通音である**a**がそれぞれ表われていますが、カナでは、音においては確かに母音の**a**(仮にカタカナで書けば「ア」)が共通しているのに、文字には表われていません。ちなみに**カ、サ、タ、ナ、ラ、マ**をハングルで表わせば、**가、사、다、나、라、마**となります。こう書けば、ハングルのハの字も知らない人でも、ハングルの**ㅏ**は、ローマ字の**a**に相当するくらいはおそらく見当がつくはずです。

仮　名	カ		サ		タ		ナ		ラ		マ	
ローマ字	k	a	s	a	t	a	n	a	r	a	m	a
ハングル	ㄱ	ㅏ	ㅅ	ㅏ	ㄷ	ㅏ	ㄴ	ㅏ	ㄹ	ㅏ	ㅁ	ㅏ

これまでの説明からわかるように、ハングルはローマ字音が子音と母音の組合せからできているのと同じように、子音と母音から構成されています。アルファベットのa、b、c、d、e、f……の文字と発音が日本では半ば常識となっており、いつでも目に触れているのでそれほど異和感はありませんが、上の表のハングルには異和感があるかもしれません。
　異和感という点からは、日本の教育制度や日本社会の欧米向きの姿勢のために、ハングルはアルファベットに一歩ゆずらざるを得ませんが、それはあくまでも対日本人、あるいは対日本社会という基準での話です。つまり、ハングルがアルファベットに対して初めから一歩ゆずっているわけではありません。
　アルファベットとハングルについて述べるならば、アルファベットがa、b、c、d、e、f、g、h、i、j、k……と、母音になる文字と子音になる文字が混然として26文字並んでいるのに比べて、ハングルはその点、母音と子音は判然と区別されて配列されています。
　さらに発音においても、アルファベットを文字にしている英語やフランス語には、同じ文字なのに、いく通りもの読み方(つまり発音)があるのは、長く経験を積んだ人ならまだしも、外国人にとっては難しすぎます。しかしこの点ハングルは考え方として、発音記号がそのまま文字化したものとみなして差し支えないので、いくつかの例外（例外にも法則がある）をのぞいては同じ文字は同じ発音をすると思い込んでもよいでしょう。

ハングルの母音と子音

　ハングルの基本母音は10、基本子音は14です。その基本をもとにして、さらに母音は11加わり、子音は5加わると、計40になります。この母音と子音合わせた40から、すべての朝鮮文字ができています。以下、40を示すことにしましょう。

基本母音 10

	[発　音]	
ㅏ	a	ア
ㅑ	ya	ヤ
ㅓ	ŏ	オ
ㅕ	yŏ	ヨ
ㅗ	o	オ
ㅛ	yo	ヨ
ㅜ	u	ウ
ㅠ	yu	ユ
ㅡ	ŭ	ウ
ㅣ	i	イ

複合形母音 11

	[発　音]	
ㅐ	æ	エ
ㅒ	yæ	イェ
ㅔ	e	エ
ㅖ	ye	イェ
ㅘ	wa	ワ
ㅙ	wæ	ウェ
ㅚ	œ	ウェ
ㅝ	wo	ウォ
ㅞ	we	ウェ
ㅟ	wi	ウィ
ㅢ	ŭi	ウィ

　⇨日本語による発音ルビだと区別できないので、同じルビにしたものがあります。厳密には発音は異なりますが、差し当たりは同じ発音でもかまいません。

◆基本母音の書き方

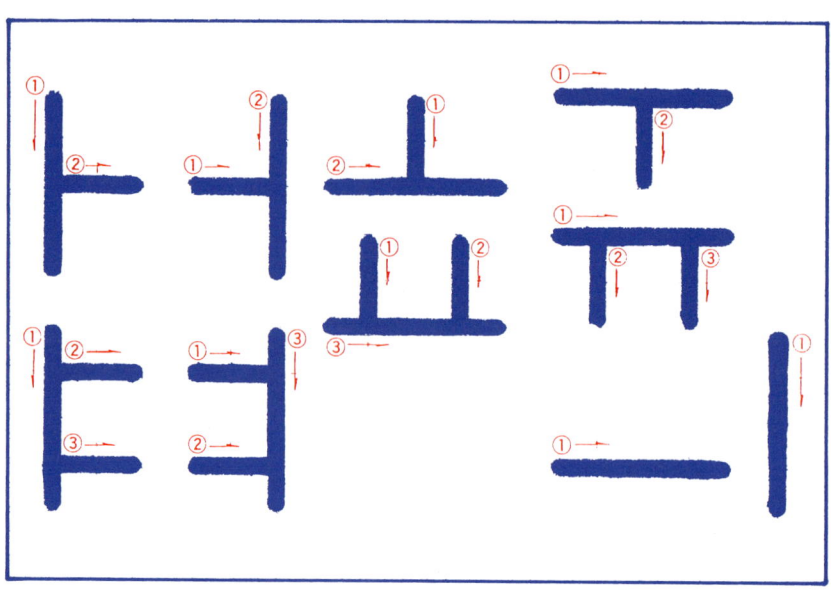

点線をなぞって母音を書く練習をしてみましょう。

基本子音 14

	[発　　音]	[名　　称]
ㄱ	k、g　　ク、グ	キヨク [기역]
ㄴ	n　　ヌ	ニウン [니은]
ㄷ	t、d　　トゥ、ドゥ	ティグッ [디귿]
ㄹ	r　　ル	リウル [리을]
ㅁ	m　　ム	ミウム [미음]
ㅂ	p、b　　プ、ブ	ピウプ [비읍]
ㅅ	s　　ス	シオッ [시옷]
ㅇ	──　　[無音]	イウン [이응]
ㅈ	ch、j　　チュ、ジュ	チウッ [지읏]
ㅊ	chʻ　　チュ	チウッ [치읏]
ㅋ	kʻ　　ク	キウク [키읔]
ㅌ	tʻ　　トゥ	ティウッ [티읕]
ㅍ	pʻ　　プ	ピウプ [피읖]
ㅎ	h　　フ	ヒウッ [히읗]

⇨ ㄱ[k、g]、ㄷ[t、d]、ㅂ[p、b]、ㅈ[ch、j]にはそれぞれ清音と濁音があります。具体的な実例をあげて説明するのは後回しにして、ㄱ、ㄷ、ㅂ、ㅈの4つについては清音と濁音があることだけを差し当たり知っておきましょう。

　上の基本子音11の表には[名称]の欄がありますが、名称は子音だけにあるものではなく、母音にもあります。なお、母音の場合は、発音と名称は同一なので明記していません。名称とは、英語のアルファベットでもAの名称は[エイ]であって、発音は[a]や[ɔː]や[ei]や[ə]になったりするのと同じです。

◆基本子音の書き方

点線をなぞって、書き方の練習をしてみましょう。

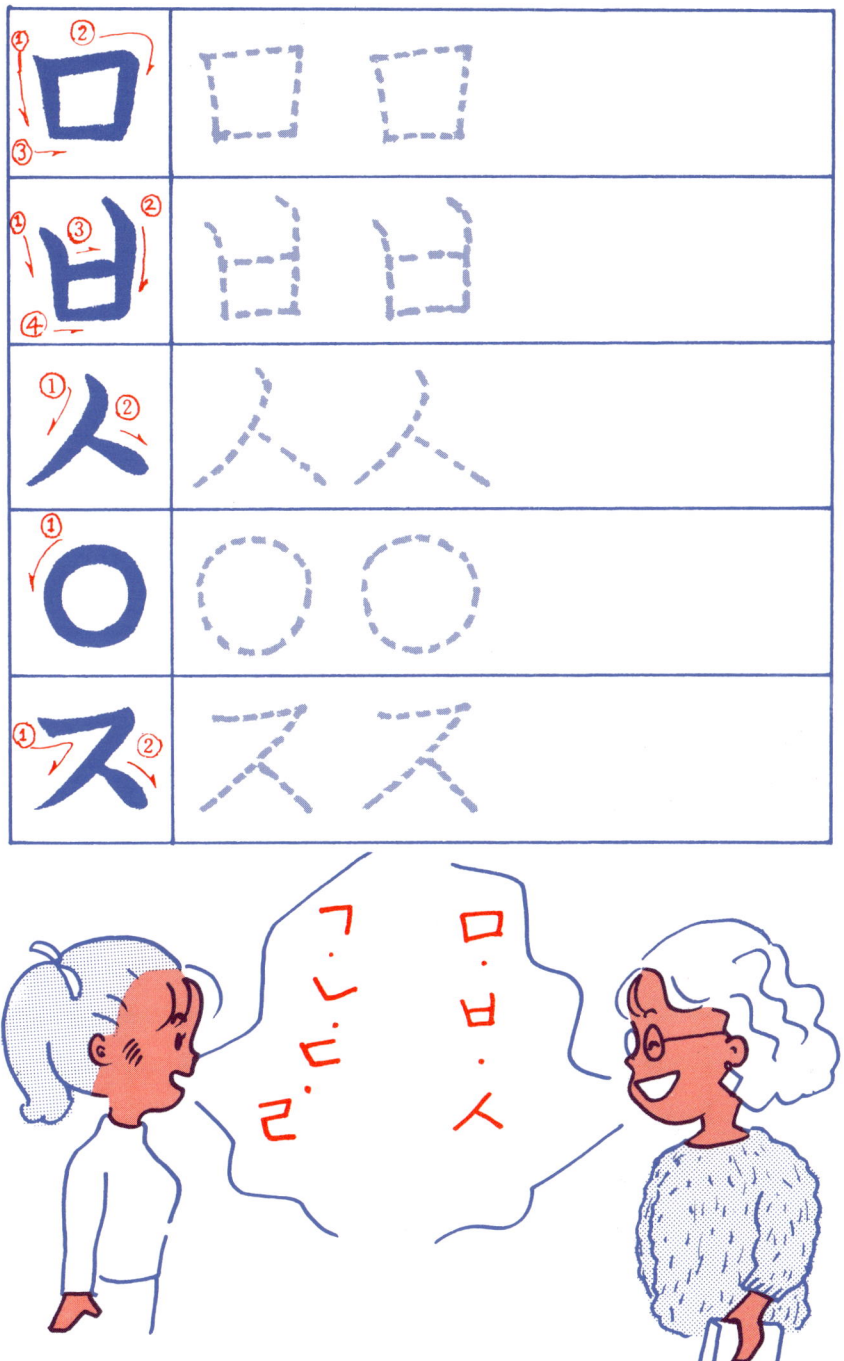

ㅊ	ㅊ ㅊ
ㅋ	ㅋ ㅋ
ㅌ	ㅌ ㅌ
ㅍ	ㅍ ㅍ
ㅎ	ㅎ ㅎ

複合形子音 5

	〔発　　音〕	〔名　　称〕
ㄲ	kk　　　ク	サンギヨク[쌍기역]
ㄸ	tt　　　トゥ	サンディグッ[쌍디귿]
ㅃ	pp　　　プ	サンビウプ[쌍비읍]
ㅆ	ss　　　ス	サンシオッ[쌍시옷]
ㅉ	tch　　　チュ	サンジウッ[쌍지읏]

⇒上の表の〔名称〕で共通の接頭語になっているサンとは、漢字の双の朝鮮音です。つまり、双は二つの意味ですから、複合形子音は基本形子音のㄱ、ㄷ、ㅂ、ㅅ、ㅈがそれぞれ二つ重なって作られたものと考えることができます。〔発音〕のカナルビは、基本形の子音と同じだと考えても差し当たりいいでしょう。いちおう違いを説明すれば、上の5音はまず濁音になることはありません。ローマ字の場合もそうですが、子音が重なれば、kappa[カッパ]のように、重なる子音の前で促音化すると、上の5音の類似音が出ます。

◆複合形子音の書き方

点線をなぞって書き方の練習をしてみましょう。

ㄲ	ㄲ	ㄲ
ㄸ	ㄸ	ㄸ
ㅃ	ㅃ	ㅃ
ㅆ	ㅆ	ㅆ
ㅉ	ㅉ	ㅉ

ハングルの母音と子音の発音

これまでひと通り、ハングルの母音と子音の、形と音について見てきました。ここでことさらあらためることもないのですが、形と発音をより確かなものにするために、もう一度練習してみましょう。

◆母音の発音について

ㅏ ［a　ア］　日本語の「ア」と同じ音です。

ㅑ ［ya　ヤ］　上の[a]に[y]音を加えたものです。なおハングルの形でこの形をした二本線は[y]音が含まれていることを表わしています。たとえば、ㅕ、ㅛ、ㅠなど。

ㅓ ［ŏ　オ］　日本語の「オ」音に近く、あごをやや突き出して発音します。なおŏの ˇ はあごをやや出すことを表わしています。

ㅕ ［yŏ　ヨ］　すぐ前のㅓ[o]に[y]音を加えた音です。日本語の「ヨ」音をあごをやや突き出して発音します。

ㅗ ［o　オ］　日本語の「オ」と同じ発音です。

ㅛ ［yo　ヨ］　すぐ前のㅗ[o]に[y]音を加えた音です。日本語の「ヨ」と同じ発音です。

ㅜ ［u　ウ］　日本語の「ウ」より口を丸くすぼめた発音です。

ㅠ ［yu　ユ］　すぐ前のㅜ[u]に[y]音を加えた音です。日本語の「ユ」に近い発音です。

ー ［ü ウ］ 日本語の「ウ」に近く、т［u］音を出しながら、ややあご
を引いて発音します。

l ［i イ］ 日本語の「イ」と同じ発音です。

⇒日本語に似ている音は、ㅏ、ㅑ、ㅗ、ㅛ、ㅜ、ㅠ、丨の7つです。
あごをややつき出す音は、ㅓ、ㅕ。
あごをやや引く音は、ー。

ㅐ ［æ エ］ ㅏと丨が合わさって作られた複合形母音。

ㅒ ［yæ イェ］ ㅑと丨が合わさって作られた複合形母音(二本線の=
があるので［y］音が含まれている)。

ㅔ ［e エ］ ㅓと丨が合わさって作られた複合形母音。

ㅖ ［ye イェ］ ㅕと丨が合わさって作られた複合形母音。

ㅘ ［wa ワ］ ㅗとㅏが合わさって作られた複合形母音。

ㅙ ［wæ ウェ］ ㅗとㅐ(すでにㅐはㅏと丨の複合形母音)が合わさっ
て作られた複合形母音。

ㅚ ［œ ウェ］ ㅗと丨が合わさって作られた複合形母音。(すぐ上の
ㅙと発音を区別することは困難です。現地人でも難しいので、ㅙ
とㅚを同じく発音してもいいでしょう。恐れずに先に進みましょ
う)。

ㅝ ［wo ウォ］ ㅜとㅓが合わさって作られた複合形母音。(この音は
日本人にも比較的発音しやすいはずです)

ㅞ ［we ウェ］ ㅜとㅔが合わさって作られた複合形母音。(すでにㅔがㅓとㅣの組合せの複合形母音です)。ㅞはㅙやㅚと音が似すぎているために区別がきわめて困難です。日本語の発音ルビでは全く同じです。区別できなくてもいいから、恐れずに前に進みましょう。

ㅟ ［wi ウィ］ ㅜとㅣが合わさって作られた複合形母音。

ㅢ ［ŭi ウィ］ ㅡとㅣが合わさって作られた複合形母音。 ㅟと音がきわめて似ているので注意を要します。ㅟがやや口を突き出して音を長くするのに反して、あごを引いて短く発音します。ㅟと区別できなくても差し当たりいいでしょう。

　上のハングル母音の[　]内の日本語発音表記を基準にしてまとめると、つぎのように単純化することができます。

ア	イ	ウ	エ	オ	ヤ	ユ	イェ	ヨ	ワ	ウィ	ウェ	ウォ
ㅏ	ㅣ	ㅜ	ㅐ	ㅓ	ㅑ	ㅠ	ㅒ	ㅕ	ㅘ	ㅟ	ㅙ	ㅝ
		ㅡ	ㅔ	ㅗ			ㅖ	ㅛ	ㅢ	ㅚ		
											ㅞ	

◆子音の発音について

ㄱ ［k・g　ク・グ］　日本語の「カ」行の音です。　語中・語尾にㄱがあるときは［g　グ］の発音となります。

ㄴ ［n　ヌ］　日本語の「ナ」行の音です。

ㄷ ［t・d　トゥ・ドゥ］　日本語の五十音にはありません。語中・語尾にㄷがあるときは［d　ドゥ］の発音となります。

ㄹ ［r　ル］　日本語の「ラ」行の音です。完全巻舌でなく、半巻舌で発声します。

ㅁ ［m　ム］　日本語の「マ」行の音です。

ㅂ ［p・b　プ・ブ］　日本語の「パ」行の音です。語中・語尾にㅂがあるときは［b、ブ］の発音となります。

ㅅ ［s　ス］　日本語の「サ」行と同じ音です。

ㅇ ［－　無音］　無音です。音価がありませんが、ㅏㅑㅓㅕㅗ……の母音から発する字であることを表わす役目をします。

ㅈ ［ch・j　チュ・ジュ］　日本語の五十音にはありません。あえていえば「チャ、チ、チュ、チェ、チョ」行の音です。ㅈも語中・語尾では濁音となります。

⇒以上の子音を平音といいます。日本語にある音で発音可能です。

ㅊ [ch´ チュ] 日本語にはありませんが、すぐ上のㅈを激しく息を吐きかけるように発音します。

ㅋ [k´ ク] 日本語にはありませんが、ㄱ[k ク]を激しく息を吐きかけるように発音します。

ㅌ [t´ トゥ] 日本語にはありませんが、ㄷ[t トゥ]を激しく息を吐きかけるように発音します。

ㅍ [p´ プ] 日本語にはありませんが、ㅂ[p プ]を激しく息を吐きかけるように発音します。(カセットには録音されていません)

ㅎ [h フ] 日本語の「ハ」行の音です。(前音あるいは次音の子音を激しい音にすることがある)

⇨ ㅊ、ㅋ、ㅌ、ㅍ、ㅎ を激音といいます。(濁音にはならない)

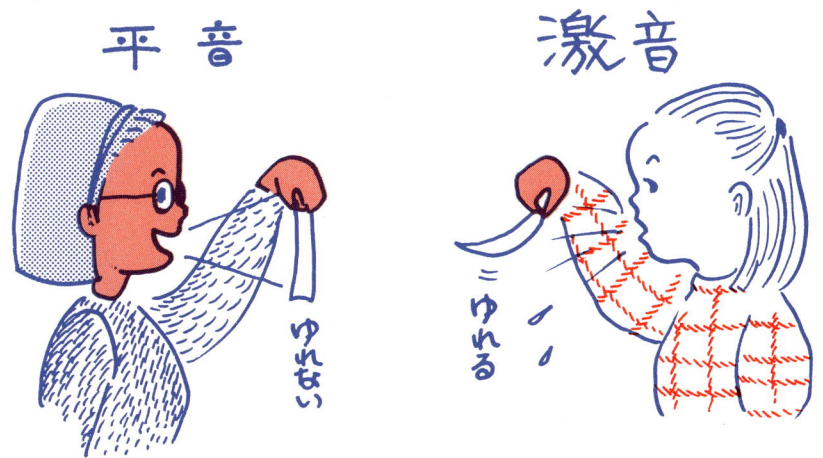

ㄲ [kk ク] 日本語にはない音です。クの前に促音の[ッ]をつけて発音すると近似音が出ます。[ック]

ㄸ [tt トゥ] 日本語にはない音です。トゥの前に促音の[ッ]をつけて発音すると近似音が出ます。[ットゥ]

ㅃ ［pp　プ］　日本語にはない音です。プの前に促音の［ッ］をつけて発音すると近似音が出ます。［ップ］

ㅆ ［ss　ス］　日本語にはない音です。スの前に促音の［ッ］をつけて発音すると近似音が出ます。［ッス］

ㅉ ［tch　チュ］　日本語にはない音です。チュの前に促音の［ッ］をつけて発音すると近似音が出ます。［ッチュ］

⇨ ㄲ、ㄸ、ㅃ、ㅆ、ㅉ を濃音といいます。（濁音にはならない）

つぎの類似音をくり返して発音してみましょう。

ㄱ―ㅋ―ㄲ　　ㄷ―ㅌ―ㄸ　　ㅂ―ㅍ―ㅃ
ㅅ―――ㅆ　　ㅈ―ㅊ―ㅉ

上のハングル子音の［　］内の日本語発音表記を基準にしてまとめると、つぎのように単純化することができます。

⇨
ク	ヌ	トゥ	ル	ム	プ	ス	―	チュ	フ
ㄱ	ㄴ	ㄷ	ㄹ	ㅁ	ㅂ	ㅅ	ㅇ	ㅈ	ㅎ
ㅋ		ㅌ			ㅍ			ㅊ	
ㄲ		ㄸ			ㅃ	ㅆ		ㅉ	

ハングルの構成―――1

　これまでハングルの母音と子音の一つ一つについて、ひと通りの説明をしてきました。しかし、それらの母音や子音はあくまでも一つの完成されたハングルの文字の母音という部分と、子音という部分にすぎません。その二つ、つまり母音という部分と子音という部分をつなぎ合わせると、一つの表音としての一個のハングルが完成されます。
　このことを図解してみましょう。

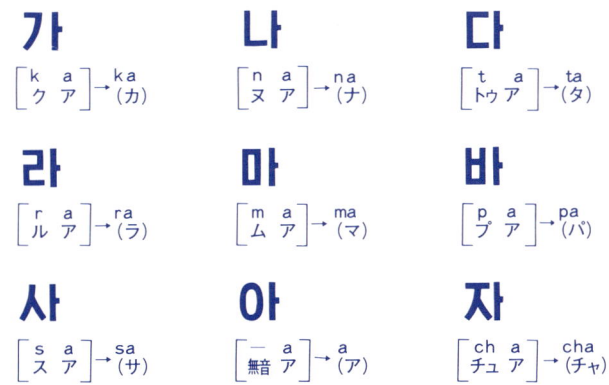

（子音と母音がよこ並びで組合わさっている）

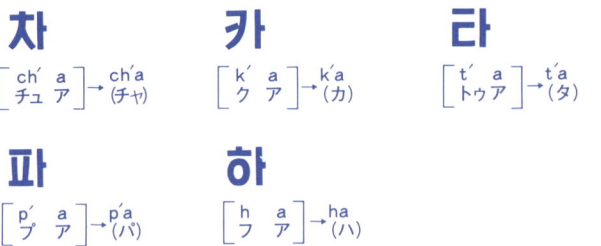

　以上、平音と激音の子音と母音ト[a ア]の組合せでできているハングルを示しました。これらは子音と母音がよこに並んで構成されています。このように、子音と母音のよこ並びの構成はローマ字と同じですが、そのほかハングルにはたて並びもあります。
　たて並びのハングルを図解してみましょう。

| 子音 |
| 母音 |

（子音と母音がたて並びで組合わさっている）

고 $\begin{bmatrix} k & ク \\ ○ & オ \end{bmatrix} \to \begin{smallmatrix} k \\ ○ \end{smallmatrix}$ （コ）　　노 $\begin{bmatrix} n & ヌ \\ ○ & オ \end{bmatrix} \to \begin{smallmatrix} n \\ ○ \end{smallmatrix}$ （ノ）

도 $\begin{bmatrix} t & トゥ \\ ○ & オ \end{bmatrix} \to \begin{smallmatrix} t \\ ○ \end{smallmatrix}$ （ト）　　로 $\begin{bmatrix} r & ル \\ ○ & オ \end{bmatrix} \to \begin{smallmatrix} r \\ ○ \end{smallmatrix}$ （ロ）

모 $\begin{bmatrix} m & ム \\ ○ & オ \end{bmatrix} \to \begin{smallmatrix} m \\ ○ \end{smallmatrix}$ （モ）　　보 $\begin{bmatrix} p & プ \\ ○ & オ \end{bmatrix} \to \begin{smallmatrix} p \\ ○ \end{smallmatrix}$ （ポ）

소 $\begin{bmatrix} s & ス \\ ○ & オ \end{bmatrix} \to \begin{smallmatrix} s \\ ○ \end{smallmatrix}$ （ソ）　　오 $\begin{bmatrix} ― & 無音 \\ ○ & オ \end{bmatrix} \to \begin{smallmatrix} ○ \end{smallmatrix}$ （オ）

조 $\begin{bmatrix} ch & チュ \\ ○ & オ \end{bmatrix} \to \begin{smallmatrix} ch \\ ○ \end{smallmatrix}$ （チョ）　　초 $\begin{bmatrix} ch' & チュ \\ ○ & オ \end{bmatrix} \to \begin{smallmatrix} ch' \\ ○ \end{smallmatrix}$ （チョ）

코 $\begin{bmatrix} k' & ク \\ ○ & オ \end{bmatrix} \to \begin{smallmatrix} k' \\ ○ \end{smallmatrix}$ （コ）　　토 $\begin{bmatrix} t' & トゥ \\ ○ & オ \end{bmatrix} \to \begin{smallmatrix} t' \\ ○ \end{smallmatrix}$ （ト）

포 $\begin{bmatrix} p' & プ \\ ○ & オ \end{bmatrix} \to \begin{smallmatrix} p' \\ ○ \end{smallmatrix}$ （ポ）　　호 $\begin{bmatrix} h & フ \\ ○ & オ \end{bmatrix} \to \begin{smallmatrix} h \\ ○ \end{smallmatrix}$ （ホ）

　以上よこ並びとたて並びのハングルの構成を、子音と母音ト、⊥を例にして図解しましたが、これはト、⊥以外のハングルの母音でも同じことです。
　なおよこ並びかたて並びかは、母音によって決まるわけですが、ト ト ┤ ╡ ┤ ┤ ｜の母音ではよこ並びになり、⊥ ⊥⊥ ┬ ┬┬ ―の母音ではたて並びになります。(複合形母音では、ㅐ ㅒ ㅔ ㅖ がよこ並びで、ㅘ ㅙ ㅚ ㅝ ㅞ ㅟ ㅢ がたて並びです)

◆ハングルの書き方

ハングルの文字と書き方を白い欄に直接書いて憶えましょう。

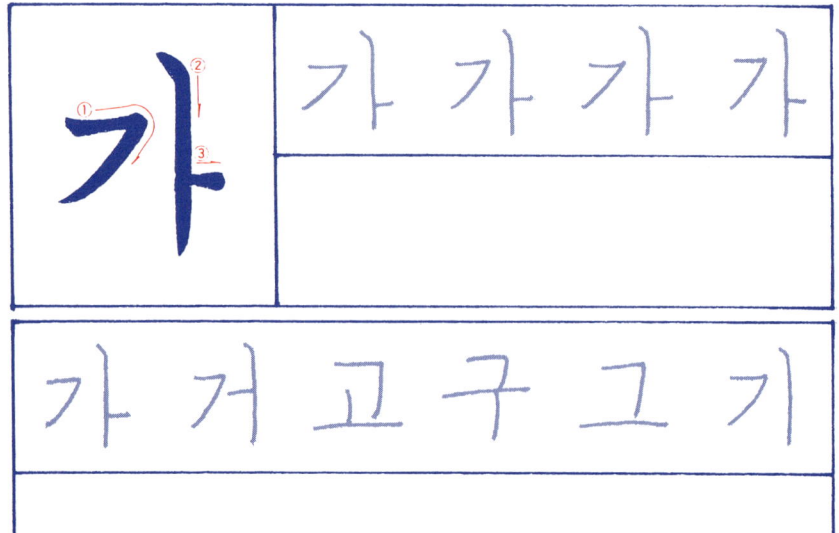

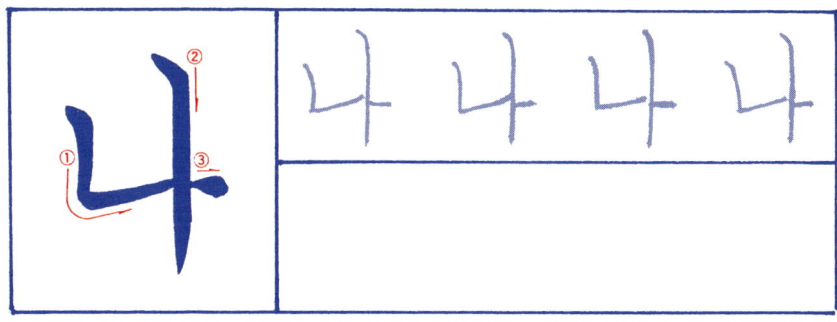

| 나 너 노 누 느 니 |

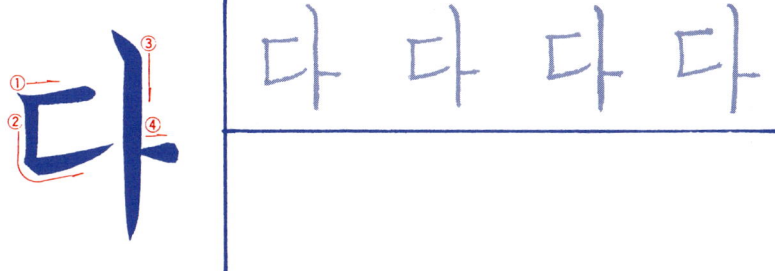

| 다 더 도 두 드 디 |

 라 라 라 라

라 러 로 루 르 리

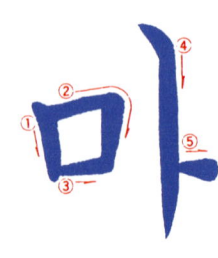 마 마 마 마

마 머 모 무 므 미

바	바 바 바 바

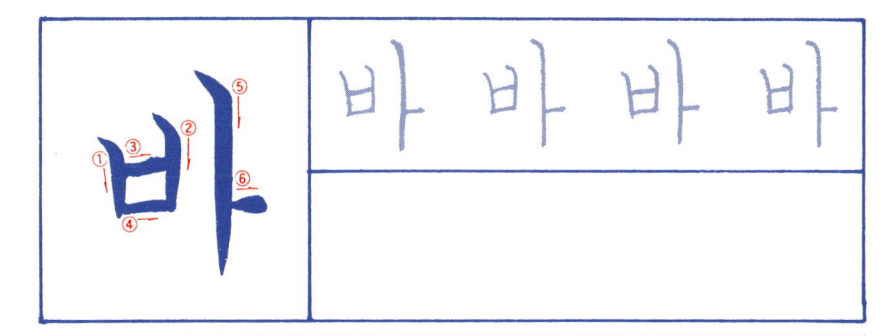

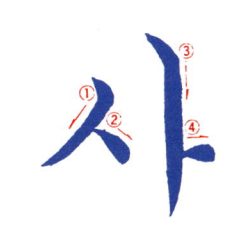

바 버 보 부 브 비

사	사 사 사 사

사 서 소 수 스 시

아 아 아 아 아

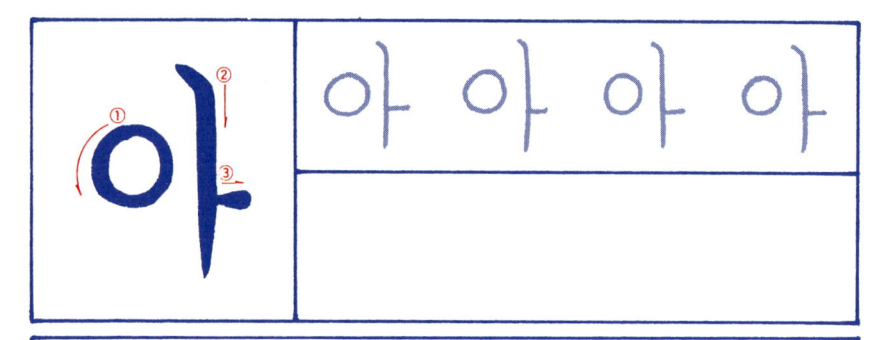

아 어 오 우 으 이

자 자 자 자 자

자 저 조 주 즈 지

차 차 차 차

차 처 초 주 츠 치

⇨ ㅊは筆記体ではスと書くこともあります。

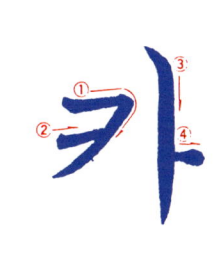

카 카 카 카

카 커 코 쿠 크 키

타	타 타 타 타

타 터 토 투 트 티

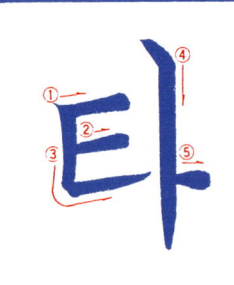

⇨ ㅌ は筆記体では ㅌ と書くこともあります。

파	파 파 파 파

파 퍼 포 푸 프 피

⇨ ㅎは筆記体では ㆆ と書くこともあります。

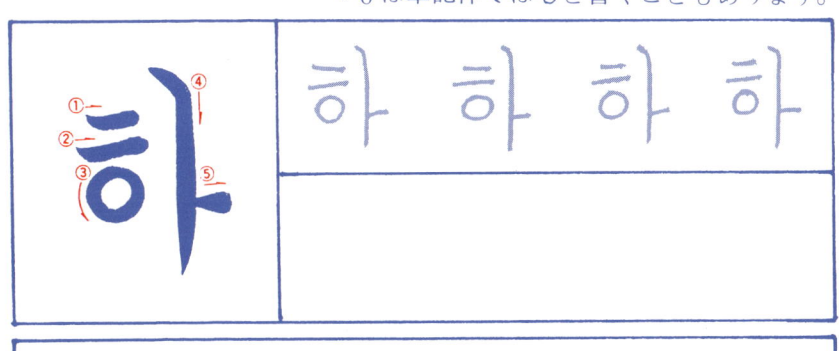

하 하 하 하 하

하 허 호 후 흐 히

◆絵を見て簡単な単語を憶えましょう
（憶えるときには声を出して読むとよいでしょう）

가지
カ ジ

고구마
コ グ マ

나비
ナ ビ

가위
カ ウィ

나
ナ

너
ノ

나무
ナ ム

보리
ポ リ

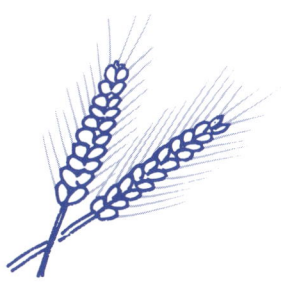

모자
モ ジャ

무우
ム ウ

주머니
チュ モ ニ

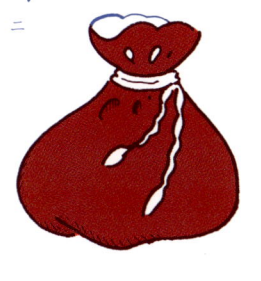

개미
ケ ミ

바위
パ ウィ

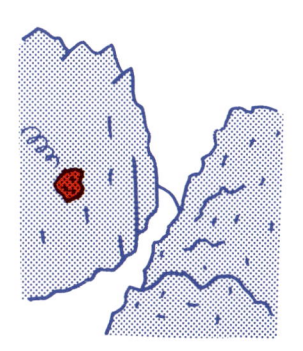

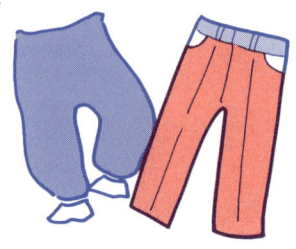

바지 パジ	바구니 パグニ
사자 サジャ	바다 パダ
시계 シゲ	아버지 アボジ
어머니 オモニ	차 チャ

배추
ペ(ッ)チュ

돼지
テジ

처마
チョマ

자라　　（スッポン）
ジャラ

코끼리
コ(ッ)キリ

포도
ポド

토끼
ト(ッ)キ

⇨ 배추の ㅊ は激音ですが、激音や濃音の前ではつまるようにして発音されるので、便宜的に促音便のッを( )の中に入れてルビをふりました。

피리 ピ リ	**파** パ
해바라기 ヘ バ ラ ギ	**해** ヘ
아이 ア イ	**여우** ヨ ウ
오이 オ イ	**요** ヨ

우유
ウ ユ

위
ウィ

유리
ユ リ

가루
カ ル

이모
イ モ

어머님
누이동생

가스
カ ス

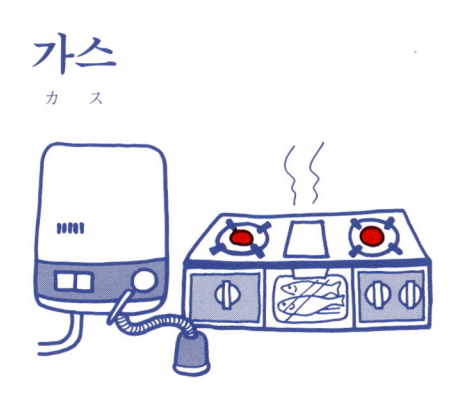

누구
ヌ グ

누구 신지요?

나그네
ナ グ ネ

다리
タ リ

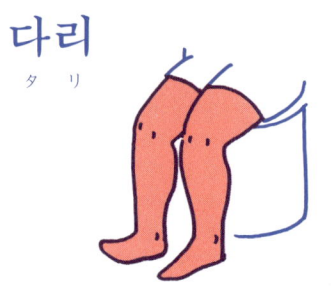

다리
タ リ

도라지
ト ラ ジ

도구
ト グ

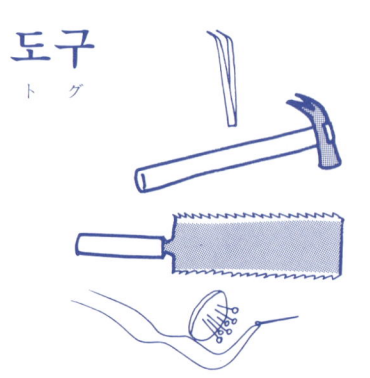

도미
トミ

소나무
ソナム

버드나무
ポドゥナム

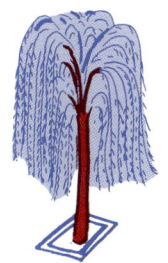

머리
モリ

대
テ

누에고치
ヌエゴ(ッ)チ

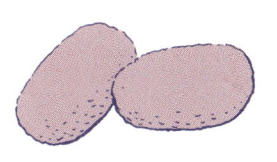

코
コ

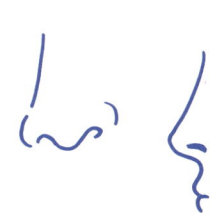

소
ソ

거리
コリ

구두
クドゥ

개
ケ

도끼
ト(ッ)キ

게
ケ

⇨ 끼の ㄲ は濃音ですが濃音や激音の前ではつまるようにして発音されるので、便宜的に促音便のッを( )の中に入れてルビをふりました。

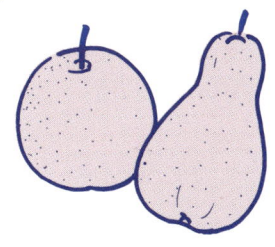

저고리 チョゴリ	배 ペ
치마 チマ	배 ペ
배 ペ	새 セ
시내 シネ	이마 イマ

◆簡単な漢字語を憶えましょう

　つぎの漢字言葉は日本語と朝鮮語がとても似ているので、憶えてみましょう。

무리　（無理）
ム　リ

이유　（理由）
イ　ユ

지리　（地理）
チ　リ

도리　（道理）
ト　リ

무시　（無視）
ム　シ

소주　（焼酎）
ソ　ジュ

다수　（多数）
タ　ス

유리　（有利）
ユ　リ

고고　（考古）
コ　ゴ

소비　（消費）
ソ　ビ

무기　（武器）
ム　ギ

두부　（豆腐）
トゥ　ブ

요리　（料理）
ヨ　リ

대의　（大意）
テ　ウィ

의지　（意志）
ウィ　ジ

의자　（椅子）
ウィ　ジャ

◆簡単な外来語を憶えましょう

外来語は比較的たやすく憶えられます。

라디오
ラ ディ オ

라이터
ラ イ(ッ)ト

버스
ボ ス

다이아
タ イ ア

페트
ペ(ッ)トゥ

보트
ボ(ッ)トゥ

디스크
ティ ス(ッ)ク

디저트
ティ ジョ(ッ)トゥ

키
キ

고무
コ ム

피아노
ピ ア ノ

피아니스트
ピ ア ニ ス(ッ)トゥ

소케트
ソ(ッ)ケ(ッ)トゥ

에세이
エ セ イ

에네르기
エ ネ ル ギ

스타아트
ス(ッ)タ ア(ッ)トゥ

스크루우
ス(ッ)ク ル ウ

스케치
ス(ッ)ケ(ッ)チ

바나나
パ ナ ナ

카메라
カ メ ラ

◆簡単な動詞を憶えましょう

가다（行く）
カ　ダ

나다（おきる、発生する）
ナ　ダ

나가다（出ていく）
ナ　ガ　ダ

오다（来る）
オ　ダ

나오다（出て来る）
ナ　オ　ダ

치다（打つ、たたく）
チ　ダ

⇨ 치다にはこのほか、（線を）引く、（網などを）張る、轢く、（家畜を）飼う、などの意味があります。

배우다（習う、学ぶ）
ペ　ウ　ダ

하다（する）
ハ　ダ

⇨ 하다は代動詞としてもよく使われます。

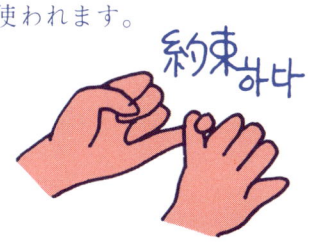

미워하다 （憎む）
ミウォハダ

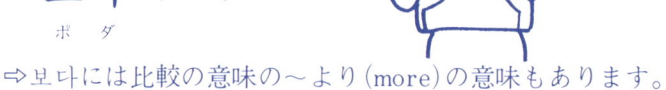

보다 （見る）
ポダ

⇨ 보다には比較の意味の〜より(more)の意味もあります。

기뻐하다 （喜ぶ、うれしい）
キ(ッ)ポハダ

다지다 （念を押す、たしかめる）
タジダ

다투다 （争う）
タ(ッ)トゥダ

두다 （置く）
トゥダ

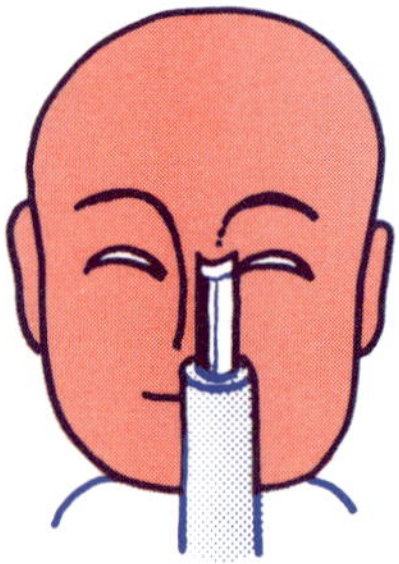

새기다 （彫る、刻みつける）
セギダ

배다 （にじむ、みごもる）
ペダ

바라보다 （見渡す）
パラボダ

되다 （できあがる）
テダ

⇨ 되다には強い、濃いの意味もあります。

마시다 （飲む）
マ シ ダ

지나가다 （通り過ぎる）
チ ナ ガ ダ

지나다 （過ぎる）
チ ナ ダ

지다 （負ける、敗ける）
チ ダ

⇨지다にはほかに、(日が)暮れる、(荷を)背負う、などの意味があります。

따르다 （従う）
タ ル ダ

미치다 （狂う）
ミ(ッ)チ ダ

타다 （乗る）
タ ダ

⇨타다にはほかに、燃える、混ぜる、分ける、などの意味があります。

타고나다 （生まれつく）
タ ゴ ナ ダ

나아지다 （よくなる）
ナ ア ジ ダ

부서지다 （つぶれる）
プ ソ ジ ダ

◆簡単な形容詞を憶えましょう

예쁘다 （かわいらしい）
イェ(ッ)プ ダ

크다 （大きい）
ク ダ

빠르다 （速い）
パ ル ダ

나쁘다 （悪い）
ナ(ッ)プ ダ

차다 （冷い）
チャ ダ

위대하다 （偉大だ）
ウィ デ ハ ダ

⇒朝鮮語には形容動詞はありません。日本語の形容動詞は朝鮮語では，形容詞に含めています。

◆簡単な副詞を憶えましょう

매우 （非常に、とても）
メ ウ

아주 （非常に、とても）
ア ジュ

아무리 （どんなに）
ア ム リ

어서 （はやく）
オ ソ

오히려 （かえって）
オ ヒ リョ

매우 춥다〜

이미 （すでに）
イ ミ

더 （より、さらに、もっと）
ト

그다지 （それほど）
ク ダ ジ

아마 （多分、おそらく）
ア マ

하도 （あまりにも）
ハ ド

◆簡単な文を読んで憶えましょう

우리가 바다로 가다 ［ウリガ パダロ カダ］
私たちが　海に　　行く。
⇨우리 私たち。가 〜が。바다 海。로 〜に、〜へ。가다 行く。
　ウリ　　　　ガ　　　　パダ　　　　　　　　　カダ

허리가 아프다 ［ホリガ ア(ッ)プダ］
腰　　が　痛い。
⇨허리 腰。가 〜が。아프다 痛い。
　ホリ　　ガ　　ア(ッ)プダ

기차가 빠르다 ［キ(ッ)チャガ パルダ］
汽車が　　　はやい。
⇨기차 汽車。가 〜が。빠르다 はやい。
　キ(ッ)チャ　ガ　　パルダ

코끼리가 크다 ［コ(ッ)キリガ クダ］
象が　　　　大きい。
⇨코끼리 象。가 〜が。크다 大きい。
　コ(ッ)キリ　ガ　　クダ

귀가 아프다 ［クィガ ア(ッ)プダ］
耳が　　痛 い。
⇨귀 耳。가 〜が。아프다 痛い。
　クィ　　ガ　　ア(ッ)プダ

日本語と同じように、小言、文句、説教を言われるときの「耳が痛い」の意味でも使われます。

도라지가 싸다 ［トラジガ サダ］
トラジが　　　安い
　　　　　　　きょう
⇨도라지 トラジ、桔梗。싸다 安い。(桔梗といってもその根のこと
　トラジ　　　　　　　　サダ
ですが、朝鮮人はそれを食用にしています。)

하루가 빠르다 ［ハルガ パルダ］
１日が　　　はやい。
⇨하루　１日。빠르다　はやい。
　　ハル　　　　　　パルダ

지구와 바다 ［チグワ パダ］
地球と　　　海
⇨지구　地球。와　〜と。바다　海。
　　チグ　　　　　ワ　　　　　パダ

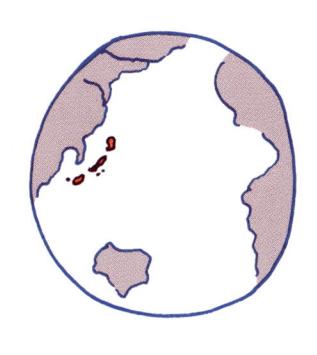

우주와 지구 ［ウジュワ チグ］
宇宙と　　　地球
⇨우주　宇宙。와　〜と。지구　地球。
　　ウジュ　　　　ワ　　　　　チグ

세계와 보도 ［セゲワ ポド］
世界と　　　報道
⇨세계　世界。와　〜と。보도　報道。
　　セゲ　　　　　ワ　　　　　ポド

이씨와 조씨 ［イ(ッ)シワ チョ(ッ)シ］
李氏と　　　趙氏
⇨이　李。씨　氏、さん。와　〜と。조　趙、あるいは曹。
　イ　　　シ　　　　　　　ワ　　　　　チョ

이 바다와 저 바다 ［イ パダワ チョ パダ］
この 海　と　あの 海
⇨이 この。바다 海。와 〜と。저 あの。

이가 아프다 ［イガ ア(ッ)プダ］
歯が　痛い。
⇨이 歯。아프다 痛い。

나그네가 가다 ［ナグネガ カダ］
旅人が　　　行く。
⇨나그네 旅人。가다 行く。

배가 오다 ［ペガ オダ］
船が　来る。
　배 船。오다 来る。

거리에 나가다 ［コリエ ナガダ］
通りに　　出る。
⇨거리 通り、街。에 〜に。나가다 出る、外へ出る。

ハングルの構成───2

　このページまで読み進んできた読者に敬意を表します。朝鮮語の文章や単語を全部憶えることができなかったとしても、少なくともハングルには目が慣れ、なじんできたにちがいありません。それから子音字と母音字をそれぞれ判別し、ためらいながらでも発音することができるようになった方もいるはずです。
　先に進むまえに、つぎのハングルを読んで肩ならしをしてみましょう。

① 아이　② 사이　③ 도미　④ 도라지　⑤ 토끼
⑥ 가위　⑦ 의사　⑧ 우유　⑨ 어머니　⑩ 오이
⑪ 소주　⑫ 고기　⑬ 무기　⑭ 고사리　⑮ 바다
⑯ 나비　⑰ 가지　⑱ 피리　⑲ 아버지　⑳ 이마
㉑ 까치　㉒ 쏘다　㉓ 뿌리　㉔ 저고리　㉕ 치마

〔発音の答〕

❶アイ ❷サイ ❸トミ ❹トラジ ❺ト(ッ)キ ❻カウィ ❼ウィサ ❽ウユ ❾オモニ ❿オイ ⓫ソジュ ⓬コギ ⓭ムギ ⓮コサリ ⓯パダ ⓰ナビ ⓱カジ ⓲ピリ ⓳アボジ ⓴イマ ㉑カ(ッ)チ ㉒ソダ ㉓プリ ㉔チョゴリ ㉕チマ

これまでは朝鮮語の子音と母音がよこ並び（子音｜母音）か、たて並び(子音/母音)のものだけで作られた単語や文章をあげてきましたが、子音と母音にさらに子音が並んで作られているハングルもあります。とくに最後に新しくつけ加えられた子音をパッチムと呼んでいます。
　パッチムの説明に入るまえに、つぎの英語の単語を見てみましょう。

```
n   a   m   e            p   a   n
|   |   |   |            |   |   |
子  母  子  母            子  母  子
音  音  音  音            音  音  音
```

　上のnameをハングルで表記すれば나메となります。panはというと바ㄴといちおう書くことができます。나메ならナメと発音することができるのですが、바ㄴはいったいどのように発音したらいいのでしょうか。
　바は子音と母音が並んでいますが、ㄴは子音字一つです。英語のnを[ン]と発音するように実はㄴも同じく[ン]と発音します。
　ところが바ㄴのつづり方は英語のようによこ並びに書くのではなく、반と書きます。ㄴは바の下から支えるような位置におかれます。ㄴのことを朝鮮語ではパッチムと言いましたが、パッチムとは下から支えるという意味からきています。

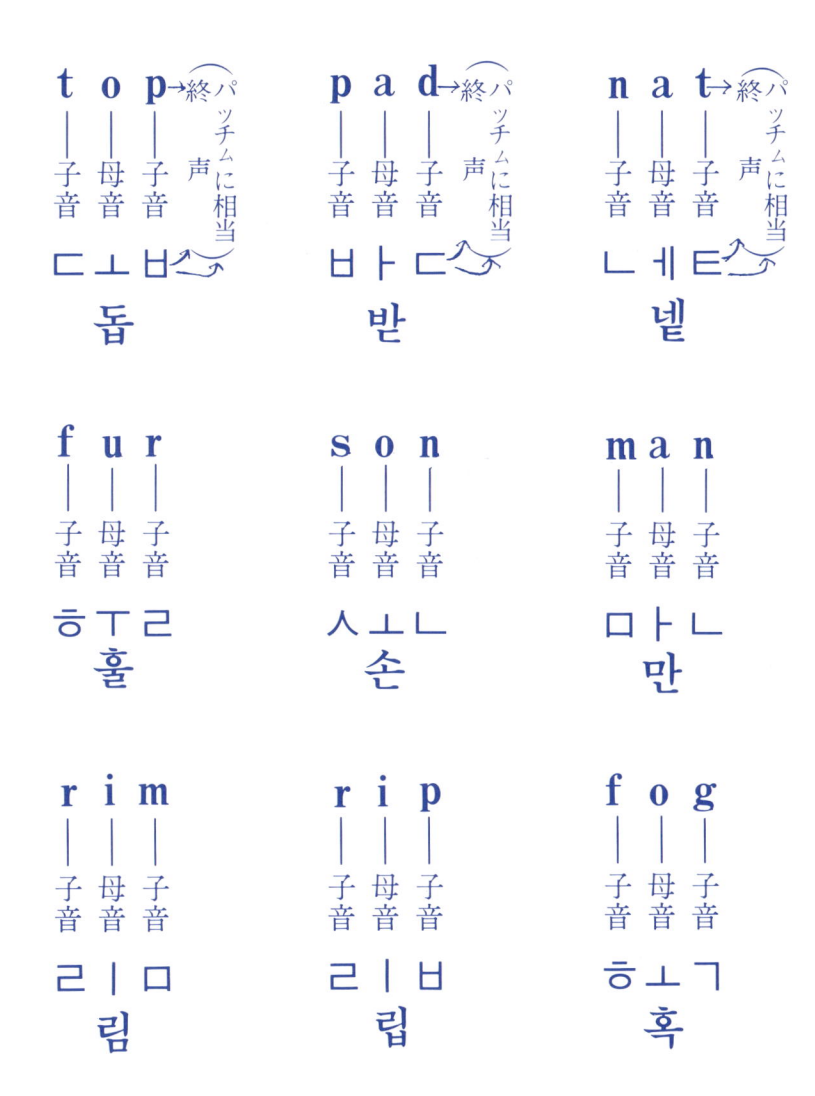

```
t o p →(終声)パッチムに相当        p a d →(終声)パッチムに相当        n a t →(終声)パッチムに相当
│ │ │                              │ │ │                              │ │ │
子 母 子                            子 母 子                            子 母 子
音 音 音                            音 音 音                            音 音 音
ㄷ ㅗ ㅂ                            ㅂ ㅏ ㄷ                            ㄴ ㅔ ㅌ
돕                                  받                                  넽
```

```
f u r            s o n            m a n
│ │ │            │ │ │            │ │ │
子 母 子          子 母 子          子 母 子
音 音 音          音 音 音          音 音 音
ㅎ ㅜ ㄹ          ㅅ ㅗ ㄴ          ㅁ ㅏ ㄴ
훌               손               만
```

```
r i m            r i p            f o g
│ │ │            │ │ │            │ │ │
子 母 子          子 母 子          子 母 子
音 音 音          音 音 音          音 音 音
ㄹ ㅣ ㅁ          ㄹ ㅣ ㅂ          ㅎ ㅗ ㄱ
림               립               혹
```

以上あげた例を、ハングル部分だけとりあげて書くとつぎのようになります。

돕、받、낟、훌、손、만、림、립、혹
トプ パッ ナッ フル ソン マン リム リブ ホク

⇨ 日本語の発音ルビから、パッチムには日本語の促音のッやン音の多いことがわかります。

◆받침(パッチム)の一覧

ㄱㄴㄷㄹㅁㅂㅅㅇㅈㅊㅋㅌㅍㅎ——の14の基本形子音はすべて받침として使われています。ㄲ、ㅆ——の二つの濃音も받침として使われています。(そのほかのㄸ、ㅃ、ㅉは받침として使われることはありません)
　以上16の받침のほか、つぎのような子音を二つ重ねた받침があります。
　ㄳ、ㄵ、ㄶ、ㄺ、ㄻ、ㄼ、ㄽ、ㄾ、ㄿ、ㅀ、ㅄ——の11。
したがって、받침は全部で27です。

◆받침(パッチム)のある単語

ㄱ	속	(〜の中) ソク	국	(汁) クッ	막	(たった今) マク
ㄴ	산	(山) サン	돈	(お金) トン	논	(田んぼ) ノン
ㄷ	곧	(すぐに) コッ	낟	(穀物の粒) ナッ	걷다	(歩く) コッタ
ㄹ	물	(水) ムル	말	(馬) マル	술	(酒) スル
ㅁ	몸	(体) モム	봄	(春) ポム	밤	(晩、栗) パム
ㅂ	집	(家) チプ	납	(鉛) ナプ	밥	(ごはん) パプ
ㅅ	낫	(鎌) ナッ	붓	(筆) プッ	옷	(服) オッ
ㅇ	강	(川) カン	성	(お城) ソン	장	(醬油、腸など) チャン

ㅈ	빚 (借金) ピッ		젖 (乳、乳房) チョッ		낮 (昼) ナッ
ㅊ	낯 (顔) ナッ		꽃 (花) コッ		빛 (光) ピッ
ㅋ	부엌 (台所) プ オク				
ㅌ	밑 (下) ミッ		밭 (畑) パッ		솥 (釜) ソッ
ㅍ	앞 (前) アプ		짚 (わら) チプ		숲 (林) スプ
ㅎ	낳다 (生む) ナ(ッ)タ		놓다 (置く) ノ(ッ)タ		좋다 (良い) チョ(ッ)タ

⇨ ㅎ는 받침としての終声の働きはしませんが、上の例の日本音ルビからもわかるように、次音の子音を清音にする働きをします。したがってㅎ받침の次音は濁音になることはありません。くわしくは **68** ページ。

ㄲ	밖 (外) パク		꺾다 (曲げる) コクタ		솎다 (間引く) ソクタ
ㅆ	있다 (ある) イ(ッ)タ		왔다 (来た) ワ(ッ)タ		했다 (〜した) ヘ(ッ)タ

■部分だけが発音され、残りの받침は無音です。なお子音を二つ重ねた받침のつぎにくる子音はいずれの場合も濁ることはありません。

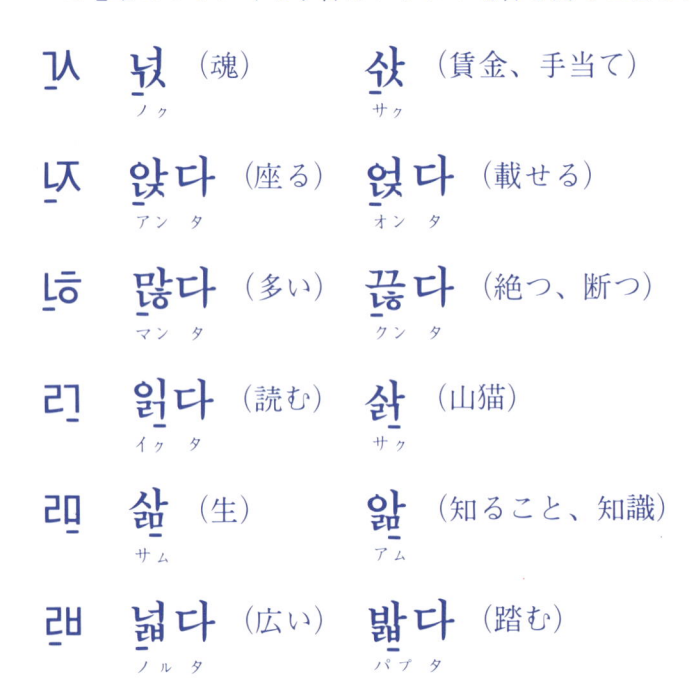

넋 (魂) ノㇰ   삯 (賃金、手当て) サㇰ

앉다 (座る) アンタ   얹다 (載せる) オンタ

많다 (多い) マンタ   끊다 (絶つ、断つ) クンタ

읽다 (読む) イㇰタ   삵 (山猫) サㇰ

삶 (生) サㇺ   앎 (知ること、知識) アㇺ

넓다 (広い) ノㇽタ   밟다 (踏む) パㇷ゚タ

⇨ ㄼは、ㄹだけを発音する単語と、ㅂだけを発音する単語があります。しかし、ㄼを받침とする単語が限られているので、差し当たり上の例の밟다以外はㄹだけを発音するものと考えて差し支えありません。

ᆳ	돐 (周年)	옰 (報い、業)
	トル	オル

ᆴ	핥다 (なめる)	
	ハルタ	

ᆵ	읊다 (詠む、詠ずる、吟じる)	
	ウプタ	

ᆶ	싫다 (嫌い)	옳다 (正しい)
	シルタ	オルタ

ᆹ	값 (値段、価格)	없다 (〜がない)
	カプ	オプタ

　以上27の받침について、ごく簡単な説明をしましたが、子音を二つ重ねた받침で、無音の片方の子音はただ飾りのように付いているようですが、けっしてそうではありません。

　さきに述べましたように、子音の二つ重ねの받침の次音子音は濁音になりません。また、あとの「リエゾン」のところで説明しますが、無音であった片方の子音はリエゾン現象のときに音としてよみがえります（リエゾンについては 76 ページ）。

これまで説明したように、받침は27ありますが、だからといって27通りの別々の終声音があるわけではありません。27の받침はつぎのように整理することができます。

1　ㄱ ㄲ ㅋ ㄳ ㄺ ────────── ㄱ[k、ク]
2　ㄴ ㄵ ㄶ ──────────── ㄴ[n、ン]
3　ㄹ ㄽ ㄾ ㅀ ─────────── ㄹ[l、ル]
4　ㅁ ㄻ ────────────── ㅁ[m、ム]
5　ㅂ ㅍ ㅄ ㄼ ㄿ ────────── ㅂ[p、プ]
6　ㄷ ㅌ ㅅ ㅈ ㅊ ㅆ (ㅎ) ───── ㄷ[t、ッ]
　　ㅎ ──────────────── ㅎはふつう語頭・語中では無音で次音を清音にする。次音にㄴがくるときや語尾にあるときは[t、ッ]
7　ㅇ ────────────── ㅇ[ŋ、ンｸﾞ→ン]

⇨ㅎは받침として、つまり終声としての働きはしませんが次音の子音を濁らせない働きをします。ハングル字で濁音になるのは、ㄱ(k→g)、ㄷ(t→d)、ㅂ(p→b)、ㅈ(tʃ→j)の4つですが、これら4つは語中・語尾にあっては濁音になります。ところがㄱ、ㄷ、ㅂ、ㅈは語中・語尾にあっても直前にㅎ받침があれば清音として発音されます。正確には激音となるのですが、差し当たり濁らないことだけを知っておけばいいでしょう。

⇨　つづり　　　発音　　　　　つづり　　　発音
　　넣다　→　너타(入れる)　　놓다　→　노타(置く)
　　　　　　　ノ(ッ)タ　　　　　　　　　　ノ(ッ)タ

(ッ)が入るとまず濁音にならず、かつまた、日本人の発音としては、ハングルの激音らしく聞こえるために、促音のツを( )つきで入れました。促音のッと考えて読むようにしましょう(以下同じ)。そうすることが、実際の発音に一番近く自然であるからです。

⇨なお次音にㄴがくるときや、語尾にあるとき、[t、ッ]音になります。

　　つづり　　　　　発音
　　놓는다　→　녿는다　→　논는다(置く)

|ツ| ㄱㄷㅂ──ㄱはク、ㄷはッ、ㅂはプと本書ではそれぞれ発音ルビを
ふっていますが、いちおう日本語の促音ッと考えて発音
して差し支えありません。(この받침のあとにつづく、ㄱ、
ㄷ、ㅂ、ㅈは濁りません。促音のッの音なので、硬い받
침です)

|ン| ㄴㅁㅇ──ㄴはン、ㅁはム、ㅇはンと本書ではルビをふっています
が、日本語のンと考えて発音して差し支えありません。
ところでムのことですが、朝鮮人の金氏のことを、キム
さんとムを有声音として発音するよりも、あっさりキン
さんと言ったほうが通りがいいでしょう。|ツ|系に比べて
軟らかい発音をする받침です。

|ル| ㄹ ──ㄹは巻舌のルで、doll[dɔ:l]の[l]の音に似ており、完全に巻
舌にするのでなくて、半巻舌で発音するといいでしょう。
したがって本書ではルはルビ活字で書いています。

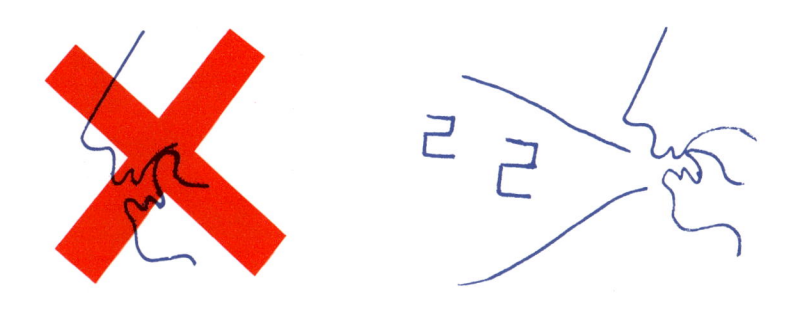

　　　　　日本語の発音の基準にして、日本語の促音の|ツ|系、|ン|系、|ル|系の三つに
分けてみました。|ツ|系のㅂと、|ン|系のㅁは口をつぐんで発音します。ㅂ
は|ツ|系なのでツを発音して早く口を閉じ、ㅁはン音を出して、比較的ゆ
っくりとのばしながら口を閉じるとうまく発音できます。

◆受け身のある動詞を憶えましょう

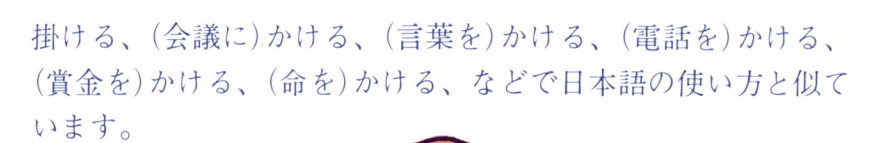

걸다
コルダ

掛ける、(会議に)かける、(言葉を)かける、(電話を)かける、(賞金を)かける、(命を)かける、などで日本語の使い方と似ています。

걸리다
コルリダ

掛かる、(策謀に)かかる、(病気に)かかる、(時間が)かかる、(気に)かかる、などで日本語の使い方と似ています。

견디다
キョンディダ

がまんする、堪え忍ぶ、保つ、など。

넘다
ノムタ

(度が)過ぎる、越える、(時が)過ぎる、(とび)越える、など。

> ⇨ ㄷが語中・語尾で濁音にならないときは、先にまとめた ツ 系の받침が直前で制約されているときであると言いましたが、動詞で받침のㅁと子音ㄷがとなりあわせのときは、ㄷは直前のㅁ받침に制約されて清音になります。具体例を示せば、つぎのようになります。

つづり　　発音

넘다 → 넘따
　　　　ノムタ

담다 → 담따　盛る、入れる、こめる。
　　　　タムタ

감다 → 감따　(目を)閉じる、(髪を)洗う。
　　　　カムタ

삼다 → 삼따　……にする、(関係を)結ぶ。
　　　　サムタ

심다 → 심따　植える、蒔く。
　　　　シムタ

돌다
トルダ

回る、(物が)回転する、(目が)回る、(お金が)回る、(毒が)回る、などで日本語の使い方と似ています。

돌아오다
トラオダ

帰ってくる、戻る。

들다
トゥルダ

(手に)持つ、取る、挙げる、持ち上げる、(例などを)挙げる、など。

먹다
モッタ

(耳が)遠くなる、つんぼになる。食べる、食う、(酒、タバコを)飲む、(年を)とる、など。

묻다
ムッタ

(粉、糊などが)付く。埋める。問う、聞く、尋ねる、ただす、など。

믿다
ミッタ

信じる、信用する、頼る、信仰する、など。

벌다
ポルダ

儲ける、稼ぐ。

빌다
ピル ダ

借りる。物乞いをする、祈る、謝る、詫びる、など。

살다
サル ダ

生きる、生活する、住む、役に立つ、など。

생기다
センギダ

生じる、できる、起こる、など。

앉다
アンタ

座る、腰を下ろす、（地位、ポストに）就く。

알다
アル ダ

知る、分る。

열다
ヨル ダ

（実が）実る。開く、催す、開催する。

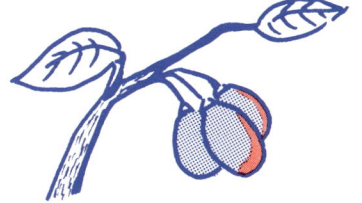

울다
ウルダ

泣く、吠える。

잃다
イルタ

失う、なくす。

잡다
チャプタ

取る、握る、持つ、つかむ、推しはかる。(にわとり、牛などを)つぶす、屠殺する。

팔다
パルダ

売る。

화나다
ファナダ

腹が立つ。

화내다
ファネダ

腹を立てる、おこる。

いろいろな家具の名前 （여러 가지의 가구 이름）

⇨ 簡単な単語なので自分で調べてみましょう。

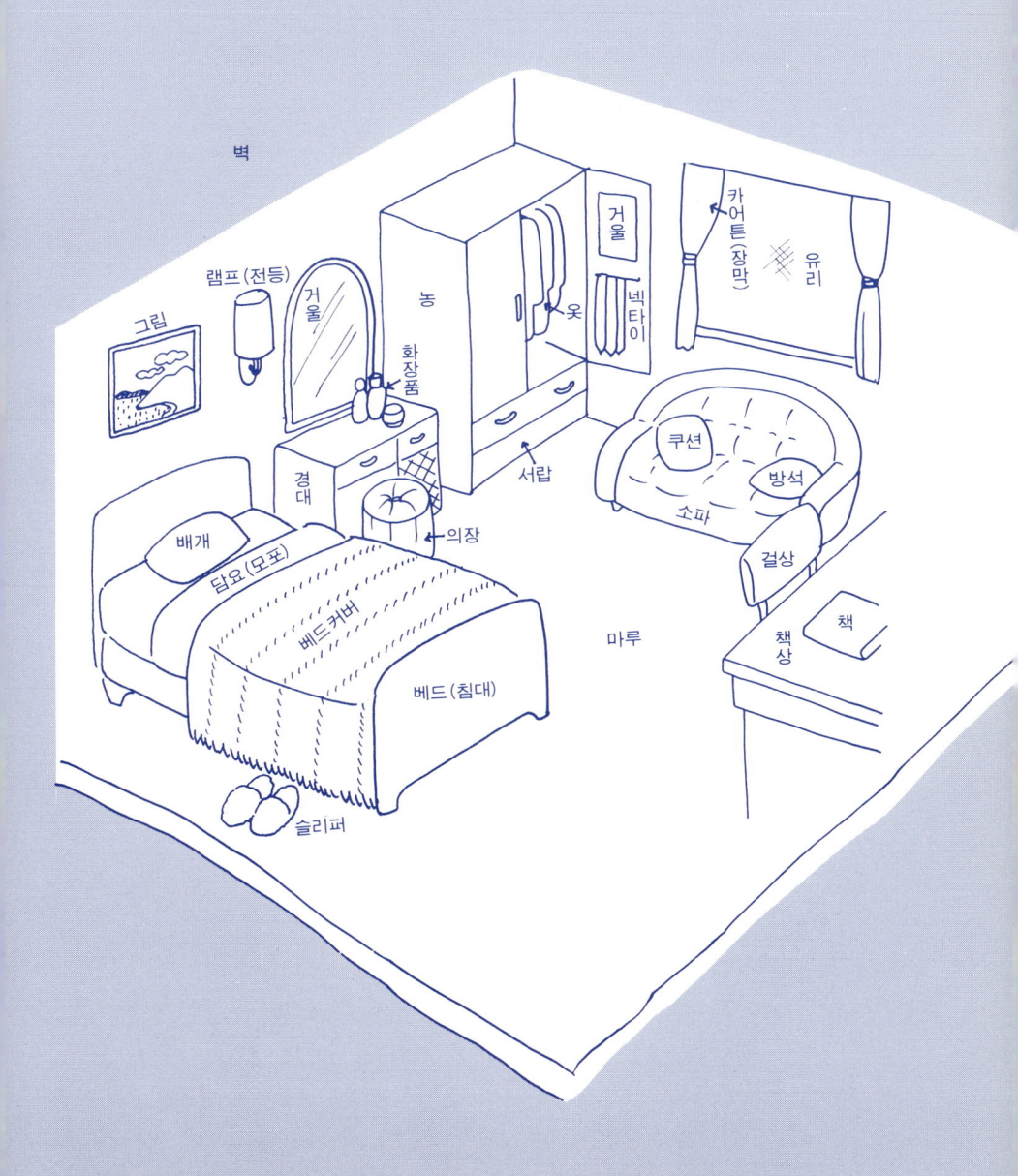

벽
램프(전등)
그림
거울
농
거울
옷
넥타이
카아튼(장막)
유리
화장품
경대
서랍
쿠션
방석
의장
소파
배개
담요(모포)
베드커버
걸상
베드(침대)
마루
책
책상
슬리퍼

⑦⑤

リエゾン

　リエゾンとは何かと言えば、終声子音のハングルと母音のハングルが連続している場合、つまり받침つきのハングルとㅇで始まるハングルが連続している場合、それまで받침の役割としていた子音が独立して、つぎに続く母音と結合して発音されることをいいます。フランス語の例を出して説明してみましょう。

　　Mon　ami　→　Mon＾ami
　　モン　　アミ　　　モ　ナ　ミ

　上の例のMonのnは、amiと連なることによって、それまでのMon(-on)のつながりよりも、次音のaとのつながりのほうが強くなって、Mo-na-miと実際は発音されます。これをリエゾン（連音現象）といいます。Monが母音で始まらない語と連なるときには、リエゾンはおこりません。

　　Mon　gateau、　Mon　patron
　　モン　　ガトー　　　　モン　　パトロン

　つぎの例は、Mon amiと同じくリエゾンします。

　　Ton　épaul　→　Ton＾épaul
　　トン　　エポール　　　ト　ネ　ポール

　　Les　amant　→　Les＾amant
　　レ　　アマン　　　　レ　ザ　マン

　ではつぎに、ハングルのリエゾンの例を見てみましょう。

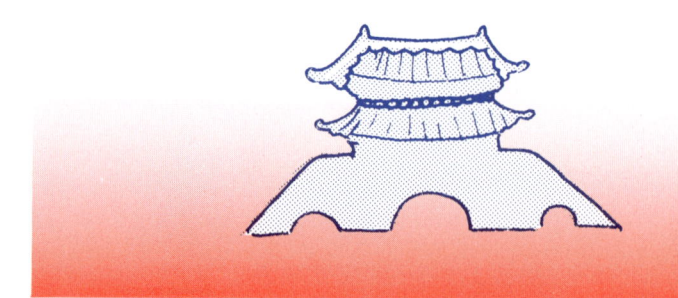

つづり	発音	意味
이것은 →	이거슨	(これは)
イ ゴッ ウン	イ ゴ スン	
저것은 →	저거슨	(あれは)
チョ ゴッ ウン	チョ ゴ スン	
일본은 →	일보는	(日本は)
イル ボン ウン	イル ボ ヌン	
조선은 →	조서는	(朝鮮は)
チョ ソン ウン	チョ ソ ヌン	
한국을 →	한구글	(韓国を)
ハン グㇰ ウル	ハン グ グル	
한글은 →	한그른	(ハングルは)
ハン グル ウン	ハン グ ルン	
사람이 →	사라미	(人が)
サ ラム イ	サ ラ ミ	
집은 →	지븐	(家は)
チㇷ゚ ウン	チ ブン	
집이 →	지비	(家が)
チㇷ゚ イ	チ ビ	
집에 →	지베	(家に)
チㇷ゚ エ	チ ベ	
집을 →	지블	(家を)
チㇷ゚ ウル	チ ブル	

물은 →	무른	(水は)
ムルウン	ムルン	
물이 →	무리	(水が)
ムルイ	ムリ	
물에 →	무레	(水に)
ムルエ	ムレ	
물을 →	무를	(水を)
ムルウル	ムルル	
산은 →	사는	(山は)
サンウン	サヌン	
산이 →	사니	(山が)
サンイ	サニ	
산에 →	사네	(山に)
サンエ	サネ	
산을 →	사늘	(山を)
サンウル	サヌル	
책은 →	채근	(本は)
チェクウン	チェグン	
책이 →	채기	(本が)
チェクイ	チェギ	
책에 →	채게	(本に)
チェクエ	チェゲ	
책을 →	채글	(本を)
チェクウル	チェグル	

それではつぎに、少し前にあげたフランス語のリエゾンの、Les amant
の例を思い出してもらいましょう。Lesのsは、amantと連音（リエゾン）
するまでは無音でしたが、リエゾンしてsはamantの語頭の母音aと結び
ついて音がよみがえり、sa〔ザ〕となります。〔ザ〕と濁音になるのは、s
が両側から母音ではさまれたときは、z音になるからです。
　リエゾンするまで無音であったのが、リエゾンすることによって有音
化する現象は、ハングルの場合には子音が二つ重なった받침で起こりま
す。

	つづり	発音	意味
넋 ノㇰ（人は無音だがリエゾンすると生きてくる。）	넋은 →	넉슨 ノㇰスン	（魂は）
	넋이 →	넉시 ノㇰシ	（魂が）
	넋에 →	넉세 ノㇰセ	（魂に）
	넋을 →	넉슬 ノㇰスル	（魂を）

넋（ふつうㇰは無音だけど）リエゾンすると．

넋은 → 넉슨

……か、なるほど…

삶 ㅅㅏㅁ (ㄹは無音だがリエゾンすると生きてくる。) 　삶은 → 살믄（生は）
　　　　　　　　　　　　　　　　サルムン

　　　　　　　　　　　　　　　　삶이 → 살미（生が）
　　　　　　　　　　　　　　　　サル ミ

　　　　　　　　　　　　　　　　삶에 → 살메（生に）
　　　　　　　　　　　　　　　　サル メ

　　　　　　　　　　　　　　　　삶을 → 살믈（生を）
　　　　　　　　　　　　　　　　サル ムル

앉다 アン タ (ㅈは無音だがリエゾンすると生きてくる。) 　앉은 → 안즌（座った）
　　　　　　　　　　　　　　　　アン ジュン

　　　　　　　　　　　　　　　　앉으면 → 안즈면（座れば）
　　　　　　　　　　　　　　　　アン ジュ ミョン

　　　　　　　　　　　　　　　　앉아라 → 안자라（座れ）
　　　　　　　　　　　　　　　　アン ジャ ラ

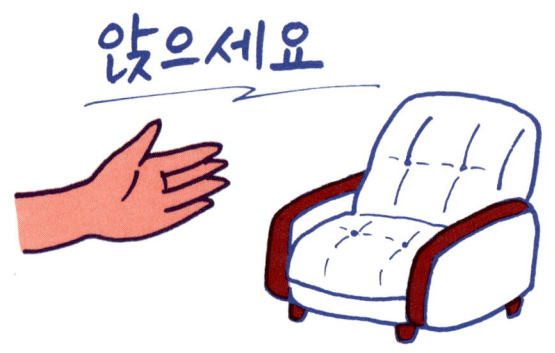

앉으세요

읽다 （ㄹは無音だが　　）읽은 → 일근 （読んだ）
イㇰタ　　リエゾンすると　　　　　　イㇽグン
　　　　　生きてくる。

　　　　　　　　　　　읽으면→일그면 （読めば）
　　　　　　　　　　　　　　　イㇽ グ ミョン

　　　　　　　　　　　읽어라→일거라 （読め）
　　　　　　　　　　　　　　　イㇽ ゴ ラ

밟다 （ㄹは無音だが　　）밟은 → 발븐 （踏んだ）
パㇷ゚タ　リエゾンすると　　　　　　パㇽ ブン
　　　　　生きてくる。

　　　　　　　　　　　밟으면→발브면 （踏めば）
　　　　　　　　　　　　　　　パㇽ ブ ミョン

　　　　　　　　　　　밟아라→발바라 （踏め）
　　　　　　　　　　　　　　　パㇽ バ ラ

主な韓国のタバコ(담배)

거북선(亀甲船)

아리랑(アリラン)

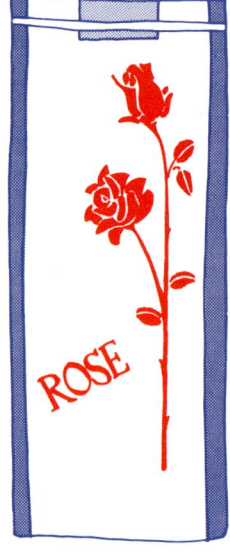

장미(バラ)

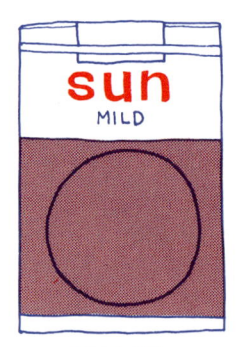

산(太陽)

은하수(銀河水)

솔(松)

룡성(竜城)

〔これだけは北朝鮮のタバコです〕

건강을 위하여 지나친 흡연을 삼갑시다

健康のため 吸いすぎに注意しましょう

朝鮮語の基本的な助詞

日本語の〜**が**には、**가**と**이**が使われる

가〔主語のあと、つまり語尾にあるのでつねに**ガ**と発音〕

⇨ 가は語尾に받침のない単語が主語になったときに使います。

내가 （私が）
ネ　ガ

나무가 （木が）
ナ　ム　ガ

소가 （牛が）
ソ　ガ

새가 （鳥が）
セ　ガ

소라가 （さざえが）
ソ　ラ　ガ

가지가 （なすが）
カ　ジ　ガ

제비가 （つばめが）
チェ ビ　ガ

고래가 （くじらが）
コ　レ　ガ

종이가 （紙が）
チョン イ　ガ

김치가 （キムチが）
キ　ム　チ　ガ

받침ナシ＋가〜が

이〔リエゾンして直前の받침が०の中に入って発音されるので、音は一定していない〕

⇨이は語尾に받침の付いた単語が主語になったときに使います。下の例文の────線は받침を表わし、［　］の中は発音を表わしています。

사람이 ［사라미］ （人が）
　　　　　サ　ラ　ミ

하늘이 ［하느리］ （空が）
　　　　　ハ　ヌ　リ

집이 ［지비］ （家が）
　　　　チ　ビ

선생님이 ［선생니미］ （先生が）
　　　　　　　ソン セン ニ ミ

떡이 ［떠기］ （もちが）
　　　　ト　ギ

세월이 ［세워리］ （歳月が）
　　　　　セ ウォ リ

한글이 ［한그리］ （ハングルが）
　　　　　ハン グ リ

조선이 ［조서니］ （朝鮮が）
　　　　　チョ ソ ニ

받침 + 이
〜が

日本語の〜はには、는と은が使われる
ヌン　ウン

는〔発音はヌン〕

⇨ 는は語尾に받침のない単語が主語になったときに使います。

나는 （私は）
ナ　ヌン

너는 （あなたは）
ノ　ヌン

그이는 （その人は、彼は）
ク　イ　ヌン

사과는 （りんごは）
サ　グヮ　ヌン

배는 （船は、梨は、腹は、倍は）
ペ　ヌン

두루미는 （鶴は）
トゥル　ミ　ヌン

까마귀는 （カラスは）
カ　マ　グイ　ヌン

|은|〔リエゾンして直前の받침がㅇの中に入って発音されるので、音は一定していない〕

⇨ 은は語尾に받침の付いた単語が主語になったときに使います。下の例文の▬▬は받침を表わしています。

공<u>책</u>은 [공채근] （ノートは）
コン チェ グン

호<u>텔</u>은 [호테른] （ホテルは）
ホ(ッ)テ ルン

태<u>양</u>은 [태양은] （太陽は）
テ ヤン ウン

⇨ ㅇ＋ㅇはリエゾンしないで表記通り発音します。

안<u>경</u>은 [안경은] （メガネは）
アン ギョンウン

⇨ 上の태양은と同じく、リエゾンしないで表記通り発音します。

바<u>람</u>은 [바라믄] （風は）
パ ラ ムン

사<u>전</u>은 [사저는] （事典、辞典は）
サ ジョ ヌン

日本語の〜をには、를と을が使われる

를〔発音はルル、半巻舌で1音〕
⇨ 를は語尾に받침のない単語が目的語になったときに使います。

강아지를（子犬を）　　**공부를**（勉強を）
カンアジルル　　　　　コンブルル

학교를（学校を）　　**역사를**（歴史を）
ハクキョルル　　　　　ヨクサルル

조사를（調査を）　　**어머니를**（おかあさんを）
チョサルル　　　　　　オモニルル

바다를（海を）　　**누나를**（姉さんを）
パダルル　　　　　　ヌナルル

⇨ 弟から姉を言うときは누나、妹から姉を言うときは언니。
　　　　　　　　　　　　　　　　　　　　オンニ

을〔リエゾンして、直前の받침がㅇの中に入って発音されるので、音は一定していない〕

⇨ 을は語尾に받침のある単語が目的語になったときに使います。下の例文の———は받침を表わし、［　］内は発音を表わしています。

밥을［바블］（ごはんを）
　　　パブル

책을［채글］（本を）
　　　チェグル

공책을 [공채글] （ノートを）
　コン チェ グル

맛을 [마슬] （味を）
　マ スル

불을 [부를] （火を）
　プ ル

종을 [종을] （鐘を）
　チョンウル

⇨ ㅇ＋ㅇはリエゾンしないで表記通り発音します。

마음을 [마으믈] （心を）
　マ ウ ムル

달을 [다를] （月を）
　タ ル

무엇을 [무어슬] （何を）
　ム オ スル

말을 [마를] （言葉を）
　マ ル

외국을 〔외구글〕 （外国を）
　ウェ グ グル

日本語の〜のには、의が使われる

의〔発音は本来は**ウィ**ですが、助詞の所有の意味で使われるときは**エ**と発音されます。しかし直前の単語の語尾に받침があるときにはリエゾン現象を起こすので、音は一定していません〕

아기의 （赤ちゃんの）　누구의 （誰の）
ア ギ エ　　　　　　　　ヌ グ エ

아침의［아치메］　　손의［소네］（手の）
ア(ッ)チ メ　　（朝の）　ソ ネ

밤의［바메］（晩の）　눈의［누네］（目の、雪の）
パ メ　　　　　　　　　ヌ ネ

중국의［중구게］　　미국의［미구게］
チュング ゲ　（中国の）　ミ グ ゲ　（アメリカの）

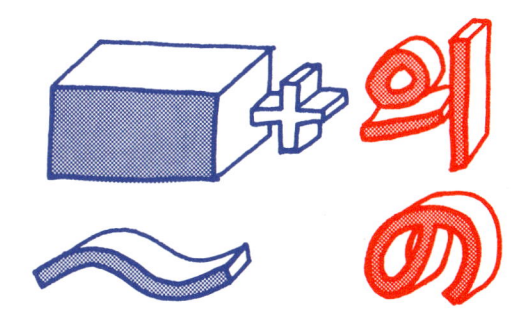

日本語の〜にには、에と에게が使われる
エ　エゲ

에〔単独ではエですが、リエゾンするときは音が一定しない〕

신문에［신무네］（新聞に）
　　シ ン ム ネ

⇨ 에は物の場合に使い、에게は人の場合に使います。

방송국에［방송구게］（放送局に）
　パン ソン グ ゲ

도서관에［도서과네］（図書館に）
　ト ソ グァ ネ

우산에［우사네］（かさに）
　ウ サ ネ

비에（雨に）　　　　　자동차에（自動車に）
ピ エ　　　　　　　チャドンチャ エ

전화에（電話に）　　　전보에（電報に）
チョ ナ エ　　　　　　チョンボ エ

정보에（情報に）　　　상자에（箱に）
チョンボ エ　　　　　サン ジャ エ

|에게| 〔単独では**エゲ**ですが、**에**はリエゾンするときは音は一定しない〕

⇨ **에**が物に使うのに対し、**에게**は人に使います。

할머니에게 （おばあちゃんに）
ハル モ ニ エ ゲ

할아버지에게 （おじいちゃんに）
ハ ラ ボ ジ エ ゲ

〜에게

아저씨에게 （おじさんに）
ア ジョ(ッ)シ エ ゲ

아주머니에게 （おばさんに）
ア ジュ モ ニ エ ゲ

동생에게 （弟、妹に）
トン セン エ ゲ

아가씨에게 （娘さんに）
ア ガ(ッ)シ エ ゲ

손자에게 （お孫さんに）
ソン ジャ エ ゲ

아들에게 （息子に）
ア ドゥ レ ゲ

日本語の〜**から**には、**에서**、**에게서**、**부터**が使われる
エソ　　エゲソ　　プ(ッ)ト

|에서| 〔単独では**エソ**だが、リエゾンするときは**에**の音は一定していない〕

⇨ **에서**は〜**から**の意味以外に、場所を表わす〜**で**の意味でもよく使われます。

공장에서　（工場から、工場で）
コン ジャン エ　ソ

공원에서　（公園から、公園で）
コン ウォ ネ　ソ

역에서　（駅から、駅で）
ヨ　ゲ ソ

목욕탕에서　（風呂から、風呂で）
モ ギョッタン エ　ソ

⇨ なお**에서**の省略形として、**서**だけで表記しても同じ意味です。

어디에서　（どこから、どこで）→ 어디서
オ ディ エ ソ　　　　　　　　　　　オ ディ ソ

서울에서　（ソウルから、ソウルで）→ 서울서
ソ ウ レ ソ　　　　　　　　　　　　ソ ウル ソ

영국에서　（イギリスから、イギリスで）→ 영국서
ヨング ゲ ソ　　　　　　　　　　　　ヨングッ ソ

어디？

|에게서| 〔単独では**エゲソ**だが、リエゾンするときは에の音は一定していない〕

⇒ 에서が物や所などに使われるのに対し、에게서はもっぱら人に使われます。

친구에게서 （友だちから）
チング エ ゲ ソ

레지에게서 （ウェイトレスから）
レ ジ エ ゲ ソ

보이에게서 （ボーイから）
ボ イ エ ゲ ソ

애인에게서 （恋人から）
エ イ ネ ゲ ソ

⇒ 에게서のていねいな言い方は께서で、目上の人にはこれを使ったほうがいいでしょう。

할아버지께서 （おじいちゃんから）
ハ ラ ボ ジ(ッ)ケ ソ

위원장께서 （委員長から）
ウィ ウォンジャン ケ ソ

회장님께서 （会長さまから）
フェ ジャンニム ケ ソ

일본에서 왔습니다.

안녕하세요?

부터〔터が激音なので、発音はどちらかといえば、プ(ッ)トと、促音のツを入れたほうが自然〕

⇨ **에서**が物・所（空間）に使われるのに対し、**부터**は時間的な意味の、～**から**に使われます。

지금부터 （今から）
チ グ ム プ(ッ)ト

오늘부터 （今日から）
オ ヌ ル プ(ッ)ト

내일부터 （明日から）
ネ イ ル プ(ッ)ト

어제부터 （昨日から）
オ ジェ プ(ッ)ト

오전부터 （午前から）
オ ジョン プ(ッ)ト

오후부터 （午後から）
オ フ プ(ッ)ト

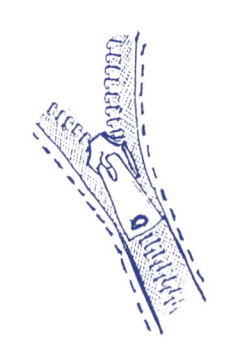

한시부터 （1時から）
ハン シ プ(ッ)ト

⇨ **에서**と**부터**が合成して作られた**에서부터**という言い方もあります。**에서부터**は、専ら空間的に使われます。なお、〜**から**を憶えたついでに、〜**まで**も憶えましょう。〜**まで**には**까지**が使われます。**까지**は、空間的にも時間的にも同じく使われています。

서울에서　평양까지　（ソウルから平壌まで）
ソ ウ レ ソ　　ピョンヤン カ ジ

일본에서　한국까지　（日本から韓国まで）
イ ル ボ ネ ソ　　ハングㇰ カ ジ

한시부터　두시까지　（1時から2時まで）
ハン シ ブ(ッ)ト　　トゥ シ(ッ)カ ジ

10세기부터　12세기까지　（10世紀から12世紀まで）
シㇷ゚ セ ギ ブ(ッ)ト　　シビ セ ギ(ッ)カ ジ

장소(場所) **에서** 장소(場所) **까지**

시간(時間) **부터** 시간(時間) **까지**

日本語の〜へ、〜では、로と으로が使われる
　　　　　　　　　　　　　　　ロ　ウロ

로〔発音はロ〕

⇨로は方向、到着点か(〜へ、〜に)、手段を意味します(〜で)。

거리로 （通りへ、通りに）
コ　リ　ロ

도회지로 （都会へ、都会に）
ト　フェ ジ　ロ

먼데로 （遠くへ、遠くに）
モン デ　ロ

어디로 （どこへ、どこに）
オ　ディ ロ

마을로 （村へ、村に）
マ ウル ロ

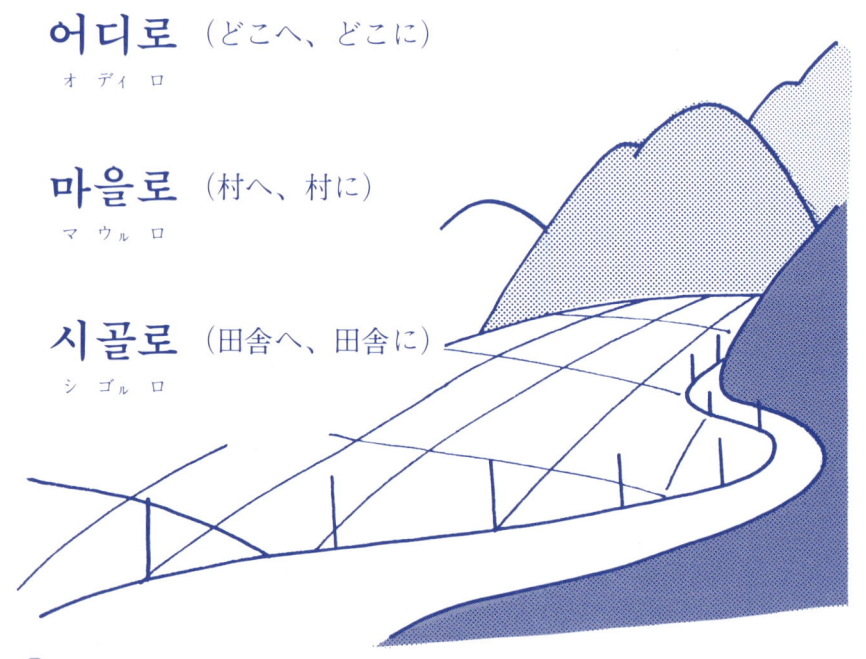

시골로 （田舎へ、田舎に）
シ ゴル ロ

⇨日本語でも、どこどこへ行くは、どこどこに行くというふうに、へとにが区別なく使われることが多いが、朝鮮語でも로と에が区別なく使われることがよくあります。厳密に言えば、로は方向を意味し、에は到着点、場所、対象を示し、意味あいが異なりますが、あまり神経を使わなくてもよいでしょう。

비행기로 （飛行機で）
ピ ヘン ギ ロ

자전거로 （自転車で）
チャジョン ゴ ロ

지하철로 （地下鉄で）
チ ハ(ツ)チョル ロ

말로 （馬で）
マル ロ

버스로 （バスで）
ポ ス ロ

사고로 （事故で）
サ ゴ ロ

[으로]〔単独で発音するときにはウロだが、リエゾンすると으音は一定でない〕

⇨으로と로は使い方、意味も同じですが、直前の単語の語尾に받침がある場合に、으로が使われます。また ㄹ받침の場合は받침のないものと同じ扱いで、로が使われます。

서울로 (ソウルへ)
ソ ウル ロ

북쪽으로 (北の方へ、北の方に)
プ ㇰ チョ グ ロ

남쪽으로 (南の方へ、南の方に)
ナㇺ チョ グ ロ

동쪽으로 (東の方へ、東の方に)
トン チョ グ ロ

서쪽으로 (西の方へ、西の方に)
ソ(ッ)チョ グ ロ

바깥으로 (外へ、外に)
パ(ッ)カ(ッ)トゥ ロ

집으로 (家へ、家に)
チ ブ ロ

⇨ 上の例文の으로(ウロ)를 에(エ)にすると、〜にとなります。로は方向を示し、에は到着点、場所、対象を示します。

눈으로 (目で)　　　손으로 (手で)
ヌ ヌ ロ　　　　　ソ ヌ ロ

입으로 (口で)　　　꽃으로 (花で)
イ ブ ロ　　　　　コ(ッ)チュ ロ

日本語の〜とは、〜와と〜과が使われる

와〔発音はワ〕

⇨ 와は直前の単語に**받침**がないときに使われます。並列的な、〜とを意味します。

머리와 눈（頭と目）
モ リ ワ　ヌン

바다와 산（海と山）
パ ダ ワ　サン

비행기와 배（飛行機と船）
ピ ヘン ギ ワ　ペ

어머니와 아버지（お母さんとお父さん）
オ モ ニ ワ　ア ボ ジ

너와 나（お前とおれ）
ノ ワ　ナ

|과|〔発音はクァ〕

⇨ 과は直前の単語の語尾に**받침**があるときに使われます。並列的な、〜とを意味します。
下の例文の――は받침を表わしています。

눈과 머리 （目と頭）
ヌングァ　モ　リ

산과 바다 （山と海）
サングァ　パ　ダ

말과 소 （馬と牛）
マルグァ　ソ

집과 학교 （家と学校）
チプクァ　ハクキョ

⇨ 와、과と全く同じ意味としてよく使われるのに**하고**がある。上の例の와および과のかわりに**하고**を使っても異和感はなく同じ意味です。**하고**は直前に받침があるなしにかかわらず使うことができます。なお、와、과にはandのように「そして」「また」の意味はありません。「**そして**」は**그리고**、「**また**」は**또**を使います。
クリゴ　　　　　ト

日本語の〜もは、도が使われる
　　　　　　　　　　　ト

도〔発音はト〕

⇨도は、日本語の〜ものように、二つ以上のことが加わる意味です。

조국도　민족도 （祖国も民族も）
チョグㇰ　ト　　ミンジョㇰ　ト

피도　눈물도 （血も涙も）
ピ　ド　　ヌンムㇽ　ド

밥도　국도 （ごはんもお汁も）
パㇷ゚ト　　クㇰト

책도　공책도 （本もノートも）
チェㇰト　　コンチェㇰト

⇨ㄱ받침やㅂ받침、あるいは上の例にはありませんが、ㅅやㄷ、ㅈなどの硬い받침が直前にあるときは、도は［ト］と清音になります。

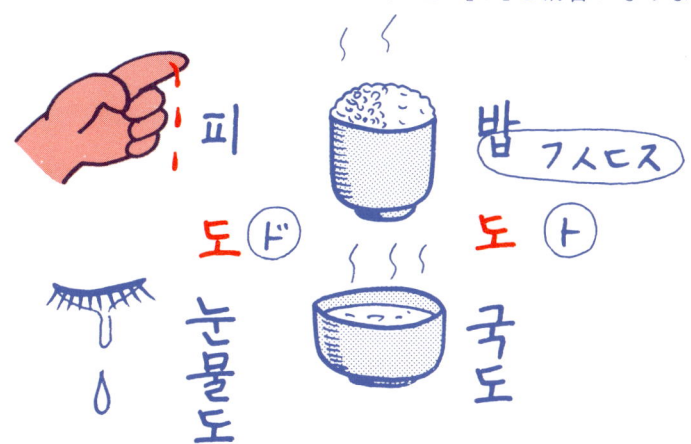

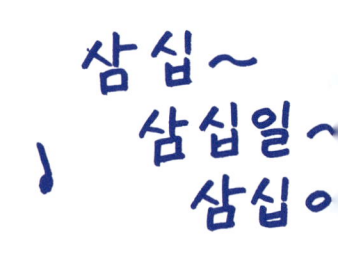

日常用語集　일상 용어집
イルサン　ヨン　オ　ジプ

◆ **数字(수자)**
　　ス(ッ)チャ

1	일 イル	ひい	하나(한) ハナ ハン
2	이 イ	ふう	둘(두) トゥル トゥ
3	삼 サム	みい	셋(세) セッ セ
4	사 サ	よ	넷(네) ネッ ネ
5	오 オ	いつ	다섯 タソッ
6	육 ユク	む	여섯 ヨソッ
7	칠 チル	なな	일곱 イルゴプ
8	팔 パル	や	여덟 ヨドル
9	구 ク	この	아홉 アホプ
10	십 シプ	とう	열 ヨル

일〜 이〜 삼〜

삼십〜
삼십일〜
삼십○

뜨

102

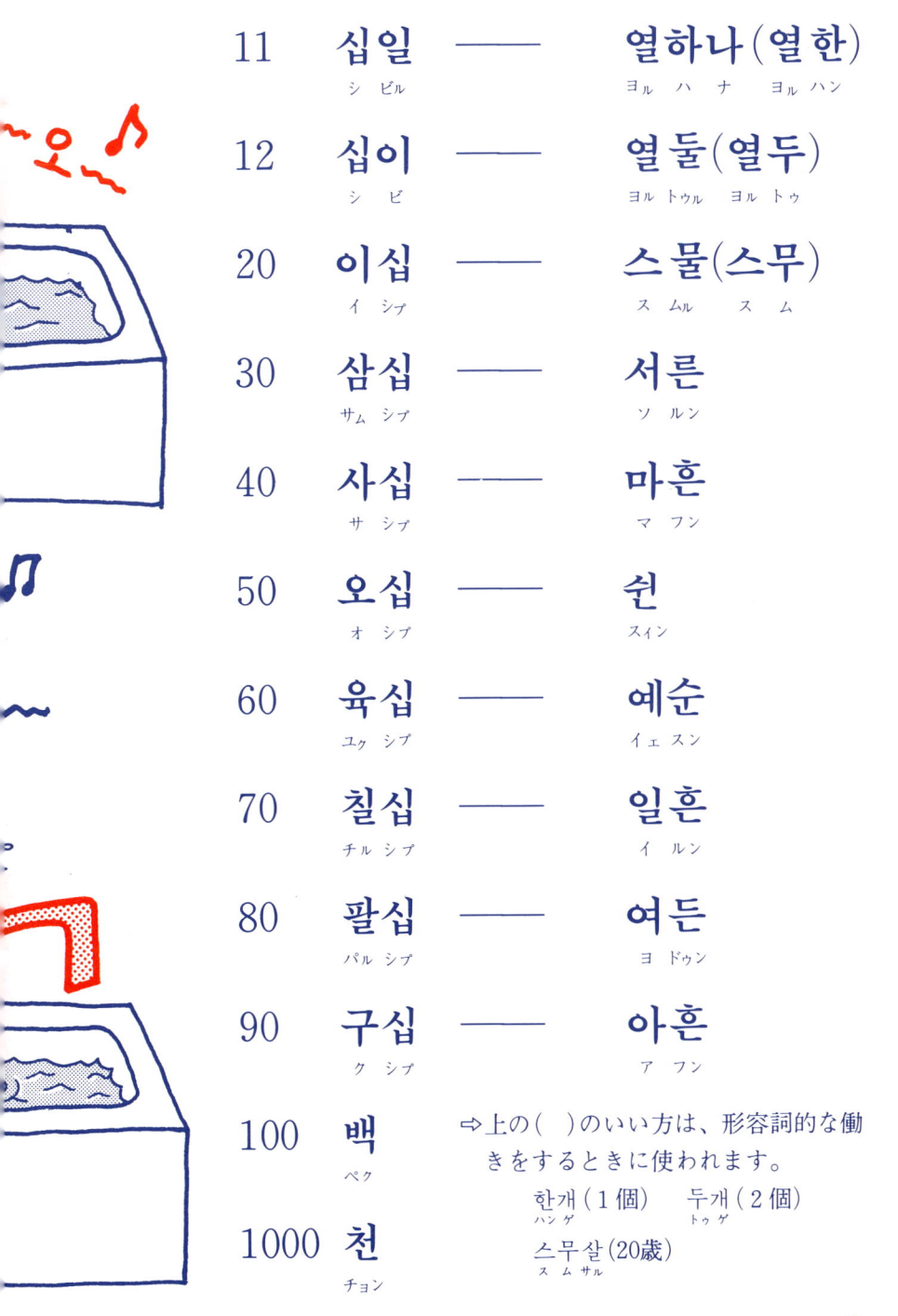

11	십일 シビル	——	열하나(열한) ヨルハナ ヨルハン
12	십이 シビ	——	열둘(열두) ヨルトゥル ヨルトゥ
20	이십 イシプ	——	스물(스무) スムル スム
30	삼십 サムシプ	——	서른 ソルン
40	사십 サシプ	——	마흔 マフン
50	오십 オシプ	——	쉰 スィン
60	육십 ユクシプ	——	예순 イェスン
70	칠십 チルシプ	——	일흔 イルン
80	팔십 パルシプ	——	여든 ヨドゥン
90	구십 クシプ	——	아흔 アフン
100	백 ペク		
1000	천 チョン		

⇨ 上の（ ）のいい方は、形容詞的な働きをするときに使われます。

한개（1個） 두개（2個）
ハンゲ　　　トゥゲ

스무살（20歳）
スムサル

◆時間 (시간)
シガン

1時	한 시 ハン シ	10時	열 시 ヨル シ
2時	두 시 トゥ シ	11時	열한 시 ヨル ハン シ
3時	세 시 セ シ	12時	열두 시 ヨル トゥ シ
4時	네 시 ネ シ	午前	오전 オ ジョン
5時	다섯 시 タ ソッ シ	午後	오후 オ フ
6時	여섯 시 ヨ ソッ シ	1秒	일초 イル チョ
7時	일곱 시 イル ゴプ シ	1分	일분 イル ブン
8時	여덟 시 ヨ ドル シ	半	반 パン
9時	아홉 시 ア ホプ シ	10分前	십분 전 シプ プン ジョン

⇒時間は朝鮮語の固有語である序数で言います。分、秒は日本と同じく、漢数字で言います。

◆ 日にち(날짜)
ナルチャ

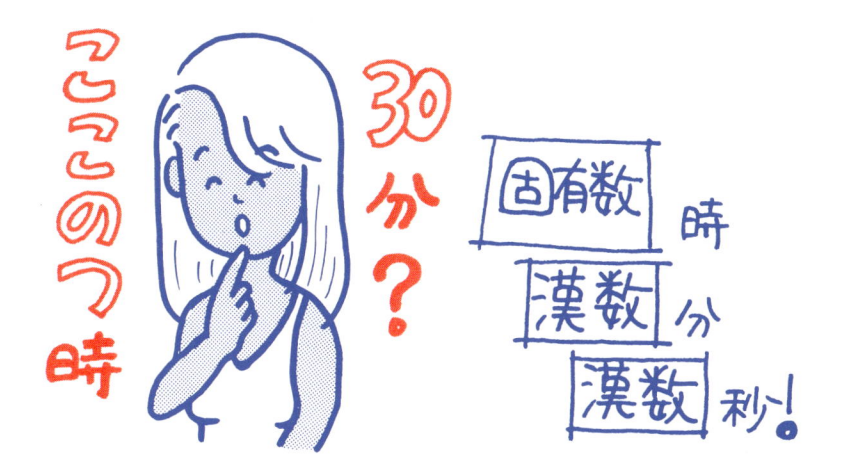

【漢字語】　　　　　　　【固有語】

1日　　일일　　ついたち　하루
　　　　イ リル　　　　　　　ハ ル

2日　　이일　　ふつか　　이틀
　　　　イ イル　　　　　　　イ(ッ)トゥル

3日　　삼일　　みっか　　사흘
　　　　サ ミル　　　　　　　サ フル

4日　　사일　　よっか　　나흘
　　　　サ イル　　　　　　　ナ フル

5日　　오일　　いつか　　닷새
　　　　オ イル　　　　　　　タッ セ

6日　　육일　　むいか　　엿새
　　　　ユ ギル　　　　　　　ヨッ セ

ここのつ 時　　30分？　　固有数 時
　　　　　　　　　　　　　漢数 分
　　　　　　　　　　　　　漢数 秒！

7日	칠일 チリル	なのか	이레 イレ
8日	팔일 パリル	ようか	여드레 ヨドゥレ
9日	구일 クイル	ここのか	아흐레 アフレ
10日	십일 シビル	とうか	열흘 ヨルル
11日	십일일 シビリル	11日	열하루 ヨルハル
12日	십이일 シビイル	12日	열이틀 ヨルイ(ッ)トゥル
15日	십오일 シボイル	15日	보름(날) ポルム ナル
20日	이십일 イシビル	20日	스무날 スムナル
30日	삼십일 サムシビル	みそか	그믐(날) クムム ナル
		おおみそか	섣달 그믐(날) ソッタル クムム ナル

⇒固有語は、9日までの接頭に初(초)を付けて言うことがよくあります。
　チョ

　초하루、초이틀……。
　チョハル　チョイ(ッ)トゥル

◆曜日と週と時など（요일과 주와 때 등）
ヨイルグァ チュワ テ ドゥン

月曜日	**월요일** ウォリョイル	何曜日	**무슨 요일** ムスン ヨイル
火曜日	**화요일** ファヨイル	一週間	**일 주일** イル チュイル
水曜日	**수요일** スヨイル	何週間	**몇 주일** ミョッ チュイル
木曜日	**목요일** モギョイル	今週	**금주/이 주일** クムジュ イ チュイル
金曜日	**금요일** クミョイル	どの週	**어느 주일** オヌ チュイル
土曜日	**토요일** トヨイル	週末	**주말** チュマル
日曜日	**일요일** イリョイル	週刊（誌）	**주간（지）** チュガン（ジ）

朝	아침 ア(ッ)チム	あけがた	새벽녘 セビョク ニョク
昼	낮 ナッ	昼食どき	점심 때 チョムシム テ
晩(夜)	밤 パム	夜中	밤중 パム チュン
夕方	저녁 チョニョク	夕ぐれどき	저녁 무렵 チョニョク ム リョプ

⇨ 日本語で朝食のことを「あさ」と言うように、朝鮮語でも朝食のことを아침と言います。昼食は낮は使わないで、점심を使います。夕食は저녁を使います。それぞれ식사(食事)を付けて使うとよりていねいです。

午前	오전 オ ジョン	正午	정오 チョン オ
午後	오후 オ フ	午前零時	자정 チャ ジョン

꼬끼오
아침

◆ 季節 (계절)
ケジョル

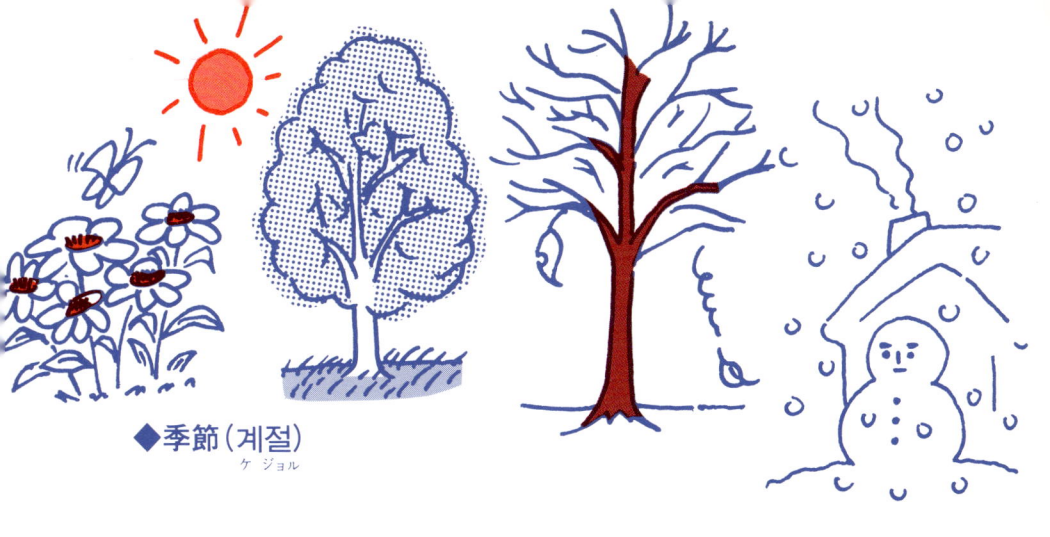

春	봄 ポム	春の季節(頃)	봄철 ポムチョル
春の日	봄날 ポムナル	春風	봄 바람 ポム パラム
夏	여름 ヨルム	夏の季節(頃)	여름철 ヨルムチョル
夏の日	여름날 ヨルムナル	夏風	여름 바람 ヨルム パラム
秋	가을 カウル	秋の季節(頃)	가을철 カウルチョル
秋の日	가을날 カウルナル	秋風	가을 바람 カウル パラム
冬	겨울 キョウル	冬の季節(頃)	겨울철 キョウルチョル
冬の日	겨울날 キョウルナル	冬の風	겨울 바람 キョウル パラム

◆ 方向 (방향)
パンヒャン

うえ	위 ウィ	まえ	앞 アプ
した	아래/밑 アレ ミッ	うしろ	뒤 トゥィ
うえした	아래위 アレウィ	まえうしろ	앞뒤 アプトゥィ
上下	상하 サンハ	前後	전후 チョヌ
そば、かわ	옆 ヨプ	そと	밖 パク
まんなか	가운데 カウンデ	うちそと	안팎 アンパク
中	중/속/안 チュン ソク アン	内外	내외 ネウェ

왼(쪽) 서 북 동 오른(쪽)
　　　　　　남

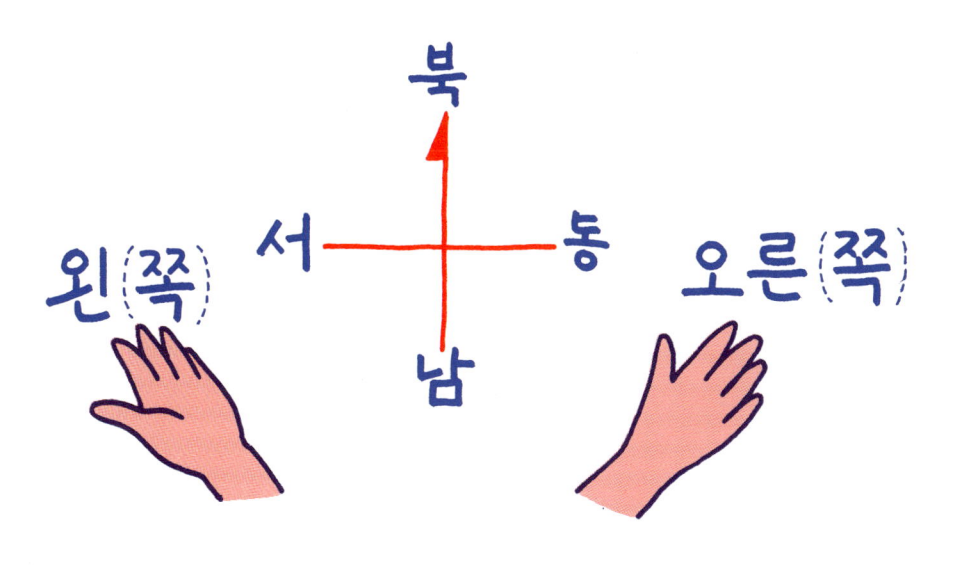

みぎの(方)	오른(쪽)	ひだりの(方)	왼(쪽)
	オルン チョク		ウェン チョク
左右	좌우	横(よこ)	가로
	チャウ		カロ
縦(たて)	세로	斜め	비낌
	セロ		ピ(ッ)キム
東	동	西	서
	トン		ソ
南	남	北	북
	ナム		プク
東西南北	동서남북	四方八方	사방 팔방
	トンソ ナムブク		サバン パルバン
〜の方	쪽	東(の)方(側)	동쪽
	チョク		トンチョク

◆ こ・そ・あ・ど （이・그・저）
             イ ク チョ

この	이	これ	이것
	イ		イ ゴッ
その	그	それ	그것
	ク		ク ゴッ
あの	저	あれ	저것
	チョ		チョ ゴッ
なに	무엇	どれ	어느 것
	ム オッ		オ ヌ ゴッ
なんでも	아무 것	なんにも	아무 것도
	ア ム ゴッ		ア ム ゴット
ここ	여기	そこ	거기
	ヨ ギ		コ ギ
あそこ	저기	どこ	어디
	チョ ギ		オ ディ

⇨ 이 집（この家）、그 집（その家）、저 집（あの家）。
  イ チプ   ク チプ   チョ チプ

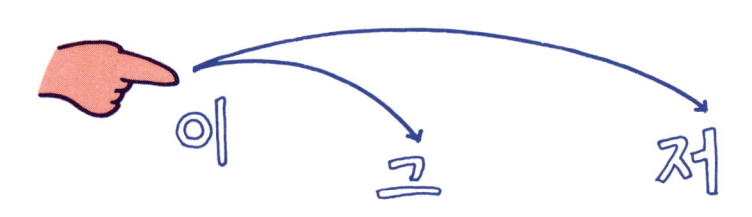

◆人称 (인칭)

私/(ぼく) **나/내**　私(め)　**저/제**
（目上の者に対し、へり下った言い方）

⇨나는, 내가。저는、제가と、助詞에 는がくるか가がくるかによって使い分けられます。

この方 **이분**　あの方 **저분**　その方 **그분**

あなた(たち)　**당신(들)**

きみ・お前(たち)　**자네(들)**
（目下の者に対して使う）

君(くん)　**군**

私たち/われわれ　**우리(들)**

私たち/手前ども　**저희(들)**

君たち/お前たち　**너희(들)**

李さんは ミスターがつくと
이[イ]は、
　　ミスター 리[リ]となる

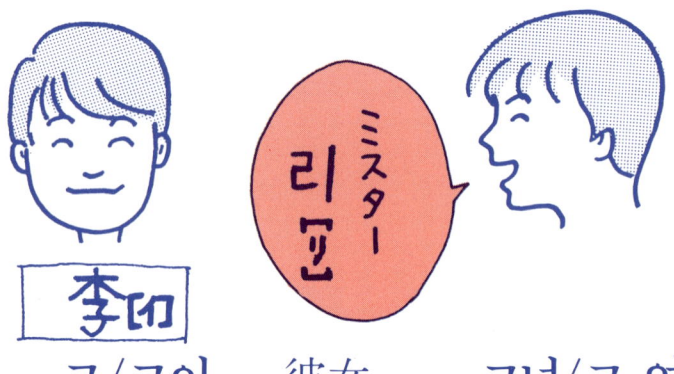

彼	그/그이	彼女	그녀/그 여자
	ク　クイ		クニョ　ク ヨジャ

～嬢	～양	～さん/先生	형/선생
	ヤン		ヒョン　ソンセン

恋人	애인/그대	友達	친구/벗
	エイン　クデ		チング　ポッ

おじさん	아저씨	おばさん	아주머니
	アジョ(ッ)シ		アジュモニ

⇒ なお、朝鮮語には〜さんにあたる適当な言い回しがないので、英語の미스(ミス)や미스터(ミスター)を使って、女性や男性の姓のまえにつけて使うことも、よくあります。씨(氏)は男女の区別なく、姓もしくは姓名(フルネーム)のうしろにつけて使われています。また들は複数を表わします。様は님をつけます。형は漢字の「兄」で、男性の間で少し年かさの人や同輩に対して使います。

⇒ 目上の人々には、先生(선생)や肩書をつけて、金課長様(과장님)とふつう使われます。

◆お店・商店・店屋（가게・상점・점방）
　　　　　　　　　　　　　カ ゲ　サンジョム　チョムパン

薬局	약방 ヤッパン	おみやげ品店	선물 가게 ソンムル　カゲ
食堂	식당 シクタン	一杯飲み屋	대포집 テ(ッ)ポ チプ
酒場	술집 スルチプ	電気屋	전기 상점 チョンギ　サンジョム
スーパー	슈퍼 シユ(ッ)ポ	デパート (百貨店)	디파아트 (백화점) ティ(ッ)パ ア(ッ)トゥ　ペックァジョム
洋服屋	양복점 ヤンボクチョム	魚屋	생선 가게 センソン　カゲ

市場	시장	肉屋	고깃관/푸주
	シ ジャン		コ ギックァン　プ ジュ
八百屋	야채 가게	民芸品屋	민예 품점
	ヤ(ッ)チェ　カ ゲ		ミ ネ　プム ジョム
本屋(書店)	책방(서점)	文房具屋	문방구점
	チェク パン　ソ ジョム		ムン バン　グ ジョム
質屋	전당포	不動産屋	복덕방
	チョン ダン　ポ		ポク トゥ パン
銀行	은행	運動具店	운동구점
	ウ ネン		ウン ドン グ ジョム
美容院	미용원	理髪店	이발소
	ミ ヨン ウォン		イ パル ソ

喫茶店	다방	写真屋	사진점
	タ パン		サ ジン ジョム
たばこ屋	담뱃 가게	日用品店	일용품 가게
	タム ベッ　カ ゲ		イ リョン プム　カ ゲ

◆道路・交通(도로・교통)
トロ キョ(ッ)トン

| 通り/街 | 거리 (コリ) | 通行禁止 | 통행 금지 (トンヘン クムジ) |

信号(灯) 신호(등) シ ノ ドゥン

横断歩道 횡단 인도 フェンダン インド

歩道(人道) 보도(인도) ポ ド インド

車道 차도 チャド

高速道路 고속 도로 コ ソク トロ

バス 버스 ポ ス

タクシー 택시 テク シ

鉄道 철도 チョル ト

※ソウルでの移動は地下鉄が一番便利で安上がりです。料金は毎年少しずつ上がっています。

地下鉄 지하철 チ ハ(ッ)チョル

駅 역 ヨク

改札口 개찰구 ケ(ッ)チャル グ

ホーム 플랫포움 プル レッ ホ ウム

入口 입구 イプ ク

出口 출구 チュル グ

117

◆公共施設・官庁など（공공시설・관정　등）
　　　　　　　　　　　　コンゴン シ ソル クァンジョン　ドゥン

病院	병원 ピョンウォン	郵便局	우체국 ウ チェ グク
保健所	보건소 ポ ゴン ソ	大使館	대사관 テ サ グァン
領事館	영사관 ヨン サ グァン	放送局	방송국 パンソン グク
警察署	경찰서 キョンチャル ソ	大学	대학 テ ハク
図書館	도서관 ト ソ グァン	博物館	박물관 パンムル グァン
映画館	영화관 ヨン ファ グァン	劇場	극장 クッチャン

◆料理(요리)
ヨリ

ごはん	밥 (パプ)	お茶	차 (チャ)
スープ(汁)	국(국물) (クク クンムル)	キムチ	김치 (キムチ)
おかず	반찬 (パンチャン)	かゆ	죽 (チュク)
焼肉	불고기 (プルゴギ)	さしみ	회 (フェ)
ナムル	나물 (ナムル)	もち	떡 (トク)
水	물 (ムル)	塩	소금 (ソグム)
唐辛子(粉)	고추(가루) (コ(ッ)チュ カル)	胡麻油	참기름 (チャムギルム)

◆ 喫茶店(다방)
ダバン

コーヒー	커피/코오피	コ(ッ)ピ コ オ(ッ)ピ
紅茶	홍차	ホンチャ
レモンティー	레몬티	レモンティ
ミルク	밀크	ミルク
アイスクリーム	아이스크림	アイス(ッ)クリム
人蔘茶	인삼차	インサムチャ
マッチ	성냥	ソンニャン
灰皿	재떨이	チェ(ッ)トリ

◆ お酒(술)
スル

酒	술	スル
清酒(日本酒)	정종/일본술	チョンジョン イルボンスル
洋酒	양주	ヤンジュ
肴(さかな)	안주	アンジュ
ウィスキー	위스키	ウィス(ッ)キ
コップ	컵	コプ
グラス	클라스	クルラス
氷	얼음	オルム

◆ホテル・旅館（호텔・여관）

フロント	프런트	シングル	싱글 룸
予約	예약	ダブル	더블 룸
姓名	성명	旅券番号	여권번호
国籍	국적	現住所	현주소
出生地	출생지	旅行目的	여행 목적
かぎ	열쇠/키	ロビー	로비
ドア(戸)	도어(문)	エレベーター	엘리베이터
冷房	냉방	暖房	난방
トイレ	화장실	便所	변소
1泊	일박	料金	요금

➡ 諸物価の変動により料金表示に誤差がありますがご了承下さい。

ごく簡単な会話

◆인사（あいさつ）
　インサ

안녕하십니까？
アンニョン ハ シ ム ニ(ッ)カ

おはようございます。
（こんにちわ、こんばんわ）

안녕히 주무십시오.
アンニョン ヒ　チュ ム シプ シ オ

おやすみなさい。

안녕히 가십시오.
アンニョン ヒ　カ シプ シ オ

さようなら。いってらっしゃい。（見送る人が）

안녕히 계십시오.
アンニョン ヒ　ケ シプ シ オ

さようなら。（見送る人に）

선생님 안녕하십니까？
ソン センニ ム　アンニョン ハ シ ム ニ(ッ)カ

先生、おはようございます。

어머니 안녕히 가십시오.
オ モ ニ　アンニョンヒ　カシプシオ

お母さん いってらっしゃい。

아버지 고맙습니다.
ア ボ ジ　コ マプ ス ム ニ ダ

お父さんありがとう。

선생님 감사합니다.
ソン センニ ム　カ ム サ ハ ム ニ ダ

先生、ありがとう。

안녕하십니까?

안녕히 계십시오

안녕히 가십시오

◆ 이것・저것 （これ・あれ）

이것은 무엇입니까?   これは何ですか？
イ ゴ スン ム オ シム ニ(ッ)カ

그것은 책상입니다.   それは机です。
ク ゴ スン チェッサン イム ニ ダ

그것은 연필입니다.   それは鉛筆です。
ク ゴ スン ヨン ピ リム ニ ダ

그것은 공책입니다.   それはノートです。
ク ゴ スン コン チェ ギム ニ ダ

저것은 책상입니다.   あれは机です。
チョ ゴ スン チェッサン イム ニ ダ

저것은 연필입니다.   あれは鉛筆です。
チョ ゴ スン ヨン ピ リム ニ ダ

저것은 공책입니다.   あれはノートです。
チョ ゴ スン コン チェ ギム ニ ダ

그것은 무엇입니까? それは何ですか。
ク ゴ スン ム オ シム ニ(ッ)カ

저것은 무엇입니까? あれは何ですか。
チョ ゴ スン ム オ シム ニ(ッ)カ

이것은 책상입니다. これは机です。
イ ゴ スン チェクサン イム ニ ダ

이것은 연필입니다. これは鉛筆です。
イ ゴ スン ヨン ピ リ ム ニ ダ

이것은 공책입니다. これはノートです。
イ ゴ スン コン チェ ギム ニ ダ

⇨ 인사야이것 저것의, 십니까?、십시오, 합니다, 입니다, などに
   イン サ   イ ゴッ チョゴッ   シム ニ(ッ)カ シプ シ イ ハム ニ ダ イム ニ ダ
注目してみましょう。십시오をのぞいて、ㅂ받침は本来ならば促音
のようなプを発音するのにムになっています。プと発音する십시오
の받침と次音はつぎのようになっています。

십시오

　　　硬い ツ 系子音＋硬い ツ 系子音：硬い子音が続いているのでㅂはそのま
　　　　　　　　　　　　　　　　　　まプと発音するのが自然な発声です。

　　　上の십시오の説明は、これまで何の説明もせずに了解されたものと
　　　して使ってきた받침（パッチㇺ）という語の発音に適用できます。

받침

　　　硬い ツ 系子音＋硬い ツ 系子音：硬い子音が続いている場合はㄷは
　　　　　　　　　　　　　　　　　　そのままッと発音するのが自然な
　　　　　　　　　　　　　　　　　　発声です。

　　　십시오や받침の発音とは違い、십니까や합니다、입니다は ツ 系の硬
　　　い子音ㅂと ン 系の軟らかい子音のㄴでつながっています。つぎの説
　　　明をみてみましょう。

십니까

　　　硬い子音＋軟らかい子音：硬い子音と軟らかい子音の続きである
　　　　　　　　　　　　　　　場合は、前の硬い子音を軟らかく発音
　　　　　　　　　　　　　　　するのが自然な発声となります。試み
　　　　　　　　　　　　　　　に、십니까？ をシプニ(ッ)カと発音す
　　　　　　　　　　　　　　　　　シムニ(ッ)カ
　　　　　　　　　　　　　　　ると、いかに不自然でなめらかに発音
　　　　　　　　　　　　　　　できないかがわかるでしょう。これら
　　　　　　　　　　　　　　　については、153ページの「例外的な
　　　　　　　　　　　　　　　読み方の規則」のところでまとめて説
　　　　　　　　　　　　　　　明してあります。

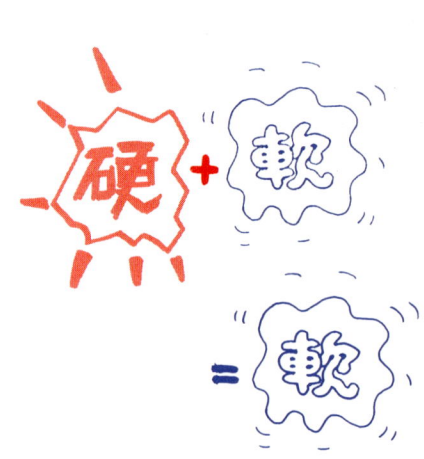

◆김치（キムチ）
　キムチ

이것은 무엇입니까？ <small>イ ゴ スン ム オ シム ニ(ッ)カ</small>	これは何ですか。
이것은 김치입니다. <small>イ ゴ スン キム チ イム ニ ダ</small>	これはキムチです。
이것은 배추김치입니다. <small>イ ゴ スン ペ(ッ)チュキム チ イム ニ ダ</small>	これは白菜のキムチです。
이것은 무우김치입니다. <small>イ ゴ スン ム ウ キム チ イム ニ ダ</small>	これは大根のキムチです。
이것은 물김치입니다. <small>イ ゴ スン ムル キム チ イム ニ ダ</small>	これはムルキムチ（汁キムチ）です。

김치는 아주 맛이　このキムチはとてもおいし
キムチヌン　アジュ　マ　シ
있습니다.　　　　　　　　いです。
イ(ッ)スムニ　ダ

⇨「おいしいです」を意味する맛있읍니다は [マディ(ッ)スムニダ] と発音してもかまいません。

김치는 맛이 없습　このキムチはおいしくあり
キムチヌン　マ　シ　オプスム
니다.　　　　　　　　　　ません。
ニ ダ

이 김치에는 어떤 약　このキムチにはどんな薬味
イ　キムチエヌン　オ(ッ)トン ヤン
념을 넣고 있읍니까?　を入れてありますか。
ニョムル　ノ(ッ)コ　イ(ッ)スムニ(ッ)カ

고추가루와 마늘、그　唐辛子やにんにく、それに
コ(ッ)チュ カ ル ワ　マ ヌ ル　ク
리고 파 젓갈 등을　ねぎ、塩辛などを入れて
リ ゴ　パ　チョッカル　トゥンウル
넣고 있읍니다.　　　　あります。
ノ(ッ)コ　イ(ッ)スムニ ダ

⇨있읍니다は「あります」。原形は있다(ある)。文章の末尾の直前の字の받침が ㅆ のときはふつう過去形と考えて差し支えありませんが、있다(ある)、겠다・겠읍니다(〜しょう) などは差し当り例外だと思って下さい。

◆ 나・당신・누구 （私・あなた・誰）

나는 학생입니다. 私は学生です。

나는 일본사람입니다. 私は日本人です。

당신은 학생입니까? あなたは学生ですか。

당신은 일본사람입니까? あなたは日本人ですか。

그는 학생이지요? 彼は学生でしょう。

그는 일본사람이지요? 彼は日本人でしょう。

中学生も学生ナノダ！
중학생도 학생이다!

저 분은 누구입니까? あの方は誰ですか。

이것은 누구것입니까? これは誰のものですか。

◆소개（紹介）

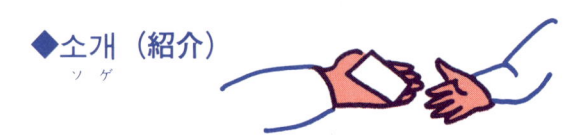

내 친구를 소개하겠습니다. 私の友人を紹介します。

다나까양입니다. 田中さん(嬢)です。

처음 뵙습니다. 初めまして。

다나까라고 합니다. 田中と申します。

앞으로 잘 지도해 주십시오. これから、よろしくご指導下さい。

앞으로 잘 부탁하겠습니다. これから、よろしくお願いします。

저야말로 잘 부탁하겠습니다. 私のほうこそよろしくお願いします。

직업은 무엇입니까？ チゴブン　ム　オ　シ　ム　ニ(ッ)カ	ご職業は何ですか。
무슨 일을 하십니까？ ム　スン　イ　ル　ル　ハ　シ　ム　ニ(ッ)カ	どんな仕事をなさっていますか。
나는 회사원입니다. ナ　ヌン　フェ　サ　ウォ　ニ　ム　ニ　ダ	私は会社員です。
저는 공무원입니다. チョ　ヌン　コン　ム　ウォ　ニ　ム　ニ　ダ	私は公務員です。
저는 노동자입니다. チョ　ヌン　ノ　ドン　ジャ　イ　ム　ニ　ダ	私は労働者です。

◆ 길을 물을 때 （道をたずねるとき）
　　キル　ムルル　テ

좀 묻겠습니다. チョム　ムッケ(ッ)スムニダ	ちょっとおたずねします。
어디로 갑니까？ オディロ　カムニ(ッ)カ	どこへ行きますか。
어디로 가십니까？ オディロ　カシムニ(ッ)カ	どこへ行かれますか。
도서관을 찾고 있습니다. トソグヮヌル　チャッコ　イ(ッ)スムニダ	図書館をさがしています。
이 길을 똑바로 가시오. イ　キルル　トゥパロ　カシオ	この道をまっすぐ行きなさい。
저 모퉁이에서 왼쪽으로 도시오. チョ　モ(ッ)トゥンイ　エソ　ウェンチョグ　ロ　トシオ	あの角で、左の方に曲りなさい。

| 오른쪽으로 도시오. | 右の方に曲りなさい。 |
| オルンチョグロ トシィ | |

이 골목에서 큰길로
イ コルモゲソ クンキルロ

나가면 보입니다.
ナガミョン ボイムニダ

この路地から大きい道に出ると見えます。

고맙습니다.
コマプスムニダ

ありがとうございます。

감사합니다.
カムサハムニダ

感謝します。

실례하겠습니다.
シルレ ハゲ(ッ)スムニダ

失礼しました。

ごく簡単な動詞の活用

◆경어（**敬語**）

가다　　　　（行く ― 原形）
カ　ダ

간다　　　　（行く ― 現在形）
カン　ダ

갑니다　　　（行きます）
カ ム ニ ダ

가십니다　　（行かれます）
カ シ ム ニ ダ

하다　　　　（する ― 原形）
ハ　ダ

한다　　　　（する ― 現在形）
ハン　ダ

합니다　　　（します）
ハ ム ニ ダ

하십니다　　（なさいます）
ハ シ ム ニ ダ

보다　　　　（見る ― 原形）
ポ　ダ

본다　（見る ― 現在形）
ポン　ダ

봅니다　（見ます）
ポム　ニ　ダ

보십니다　（ご覧になります）
ポ　シム　ニ　ダ

내리다　（おりる ― 原形）
ネ　リ　ダ

내린다　（おりる ― 現在形）
ネ　リン　ダ

내립니다　（おります）
ネ　リム　ニ　ダ

내리십니다　（おおりになります）
ネ　リ　シム　ニ　ダ

두다　（置く ― 原形）
トゥ　ダ

둔다　（置く ― 現在形）
トゥン　ダ

둡니다　（置きます）
トゥム　ニ　ダ

두십니다　（置かれます）
トゥ　シム　ニ　ダ

되다　　　　　（なる ― 原形）
テ　ダ

된다　　　　　（なる ― 現在形）
テン　ダ

됩니다　　　　（なります）
テム　ニ　ダ

되십니다　　　（なられます）
テ　シム　ニ　ダ

⇨朝鮮語の敬語は日本語のそれと同じくらい難しく、差し当たり、終止形が〜시다、あるいは〜십니다となっていることを憶えましょう。なお、上の例文からもわかるように、朝鮮語では、原形と現在形は異なっています。

먹다　　　　　（食べる ― 原形）
モク　タ

먹는다　　　　（食べる ― 現在形）
モン　ヌン　ダ

먹습니다　　　（食べます）
モッスム　ニ　ダ

드십니다　　　（召し上がります）
トゥ　シム　ニ　ダ

⇨먹다(食べる)の最もていねいな敬語は、一般に、먹으십니다ではなく드십니다を使います。

듣다　　　　（聞く ― 原形）
トゥッ タ

듣는다　　　（聞く ― 現在形）
トゥッスンダ

듣습니다　　（聞きます）
トゥッスニダ

들으십시다　（聞かれます）
トゥルシムニダ

⇒들읍니다、들으십니다の들이 ㄹ받침に変化することに注意しましょ
　トゥルムニダ　トゥルシムニダ
　う。142ページの動詞活用表の듣다を参照して下さい。

받다　　　　（受ける、もらう ― 原形）
パッ タ

받는다　　　（受ける ― 現在形）
パンヌンダ

받습니다　　（受けます）
パッスムニダ

받으십시다　（受けられます）
パドゥシムニダ

팔다　　　　　（売る ― 原形）
パル　ダ

판다　　　　　（売る ― 現在形）
パン　ダ

팝니다　　　　（売ります）
パム　ニ　ダ

파십니다　　　（売られます）
パ　シム　ニ　ダ

⇨ 語幹に ㄹ받침のある動詞は、가다や보다などの받침のない動詞と同じ変化をします。

알다　　　　　（わかる ― 原形）
アル　ダ

안다　　　　　（わかる ― 現在形）
アン　ダ

압니다　　　　（わかります）
アム　ニ　ダ

아십니다　　　（おわかりになります）
ア　シム　ニ　ダ

◆현재・과거・미래형（現在・過去・未来形）

⇨ 경어(敬語)で使たいくつかの単語を使って例文を示します。何回もくり返して読んで、現在・過去・未来形の違いをつかみ、できるだけ憶えるようにしましょう。

가다（行く）

	現在形	過去形	未来形(1)	未来形(2)
言い切りの形	간다	갔다	갈 것이다	가겠다
ていねいな形	갑니다	갔습니다	갈 것입니다	가겠습니다
敬語の言い切りの形	가시다	가셨다	가실 것이다	가시겠다
敬語のていねいな形	가십니다	가셨습니다	가실 것입니다	가시겠습니다

⇨ 가셨다は가시었다、가셨읍니다は가시었읍니다のそれぞれ短縮形です。

간다   갔다

하다（する）
ハダ

	現在形	過去形	未来形(1)	未来形(2)
言い切りの形	한다 ハンダ	했다 ヘ(ッ)タ	할 것이다 ハル ゴシダ	하겠다 ハゲ(ッ)タ
ていねいな形	합니다 ハムニダ	했습니다 ヘ(ッ)スムニダ	할 것입니다 ハル ゴシムニダ	하겠습니다 ハゲ(ッ)スムニダ
敬語の言い切りの形	하시다 ハシダ	하셨다 ハショ(ッ)タ	하실 것이다 ハシル ゴシダ	하시겠다 ハ シゲ(ッ)タ
敬語のていねいな形	하십니다 ハシムニダ	하셨습니다 ハショ(ッ)スムニダ	하실 것입니다 ハシル ゴシムニダ	하시겠습니다 ハシゲ(ッ)スムニダ

보다（見る）
ボダ

	現在形	過去形	未来形(1)	未来形(2)
言い切りの形	본다 ポンダ	보았다 ポア(ッ)タ	볼 것이다 ポル ゴシダ	보겠다 ポゲ(ッ)タ
ていねいな形	봅니다 ポムニダ	보았습니다 ポア(ッ)スムニダ	볼 것입니다 ポル ゴシムニダ	보겠습니다 ポゲ(ッ)スムニダ
敬語の言い切りの形	보시다 ポシダ	보셨다 ポショ(ッ)タ	보실 것이다 ポシル ゴシダ	보시겠다 ポ シゲ(ッ)タ
敬語のていねいな形	보십니다 ポシムニダ	보셨습니다 ポショ(ッ)スムニダ	보실 것입니다 ポシル ゴシムニダ	보시겠습니다 ポシゲ(ッ)スムニダ

⇒未来形(1)と(2)が意味しているところは、(1)が単純にただ未来を表わすのに対して、(2)には意志が入っている点です。

⇨ 가다、하다、보다の例を出しましたが、日本語の意味をつけていないので、보다の代表意味を示してみましょう（上の表に対応させましたが、日本語では同一表現になるところがあります）。 詳しくは、142ページの動詞活用表を参照しましょう。

見る	見た	見ることでしょう	見るでしょう
見ます	見ました	見ることでしょう	見るでしょう
見られる	見られた	見られることでしょう	見られるでしょう
見られます	見られました	見られることでしょう	見られるでしょう

먹다（食べる）
モクタ

	現在形	過去形	未来形(1)	未来形(2)
言い切りの形	먹는다 モンヌンダ	먹었다 モゴ(ッ)タ	먹을 것이다 モグル ゴシダ	먹겠다 モッケ(ッ)タ
ていねいな形	먹습니다 モクスムニダ	먹었습니다 モゴ(ッ)スムニダ	먹을 것입니다 モグル ゴシムニダ	먹겠습니다 モッケ(ッ)スムニダ
敬語の言い切りの形	먹으시다 モグシダ	먹으셨다 モグショ(ッ)タ	먹으실 것이다 モグシル ゴシダ	먹으시겠다 モグシゲ(ッ)タ
敬語のていねいな形	먹으십니 モグシムニダ	먹으셨습니다 モグショ(ッ)スムニダ	먹으실 것입니다 モグシル ゴシムニダ	먹으시겠습니다 モグシゲ(ッ)スムニダ

⇨ 먹다の尊敬の形は、먹으시다を使うことよりも、一般的に 드시다、
トゥシダ
잡수다・잡수시다（召し上がる、いただく）を使います。
チャプスダ　チャプスシダ

맛이 있음니다

動詞・形容詞の基本活用表

活用形 主な動詞・形容詞の原形		過去形語幹 〜았(었)〜	終止語尾 〜ㅂ니다 〜습니다 〜(으)오, 소 〜(느)ㄴ다 〜다
規則	가 다(行く) 보 다(見る) 주 다(与える) 받 다(受ける) 먹 다(食べる) 차 다(冷たい) 붉 다(赤い) 같 다(等しい) 넓 다(広い)	갔〜 보았〜 주었〜 받았〜 먹었〜 찼〜 붉었〜 같았〜 넓었〜	갑니다 봅니다 줍니다 받습니다 먹습니다 찹니다 붉습니다 같습니다 넓습니다
¹ㄹ変	놀 다(遊ぶ) 길 다(長い)	놀았〜 길었〜	논다 놉니다 기오 깁니다
²ㅅ変	짓 다(作る) 낫 다(良い)	지었〜 나았〜	짓습니다 낫습니다
³으変	쓰 다(使う) 나쁘다(悪い)	썼〜 나빴〜	씁니다 나쁩니다

⇨ 〜変は、1〜6までは3を除いて原形にある받침がなくなって変化することを意味しています。7〜9は特別な活用語尾変化をすることを意味しています。なお、하여は해とつまってもかまいません。

転　成　語　尾			接　続　語　尾
副 詞 形	冠形詞形	名 詞 形	
〜아(어)	〜는 〜(으)ㄴ 〜(으)ㄹ	〜(으)ㅁ	〜(으)면 〜아(어)도, 서 ………
가 보아 주어 받아 먹어 차 붉어 같아 넓어	가는 보는 주는 받는 먹는 찬 붉은 같은 넓은	감 봄 줌 받음 먹음 참 붉음 같음 넓음	가면 보면 주면 받으면 먹으면 차면 붉으면 같으면 넓으면
놀아 길어	노는 긴	놈 김	놀면 길면
지어 나아	지은 지을 나은 나을	지음 나음	지으면 지어도 나으면 나아도
써 나빠	쓰는 나쁜	씀 나쁨	쓰면 써서 나쁘면 나빠서

⁴ㅎ 変	까맣다(黒い)	까마았~	까맙니다 까마오
	노랗다(黄色い)	노라았~	노랍니다 노라오
⁵ㅂ 変	돕 다(助ける)	도왔~	돕습니다 도우오
	가깝다(近い)	가까왔~	가깝습니다 가까우오
⁶ㄷ 変	깨닫다(覚える)	깨달았~	깨닫습니다 깨달으오
	듣 다(聞く)	들었~	듣습니다 들으오
⁷여 変	하 다(する)	하였(했)~	합니다
	착하다(おとなしい)	착하였(했)~	착합니다
⁸러 変	이르다(到る)	이르렀~	이릅니다
	푸르다(青い)	푸르렀~	푸릅니다
⁹르 変	부르다(呼ぶ)	불렀~	부릅니다
	다르다(異なる)	달랐~	다릅니다

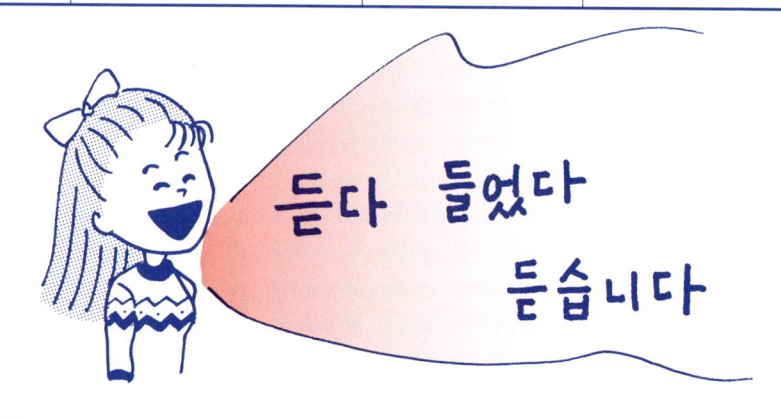

듣다 들었다 듭습니다

까마 노라	까만 까말 노란 노랄	까맘 노람	까마면 까마도 노라면 노라도
도와 가까와	도운 도울 가까운 가까울	도움 가까움	도우면 도와도 가까우면 가까와도
깨달아 들어	깨달은 깨달을 들은 들을	깨달음 들음	깨달으면 깨달아도 들으면 들어도
하여(해) 착하여(해)	하는 착한	함 착함	하면 하여도(해도) 착하면 착하여서(해서)
이르러 푸르러	이르는 푸른	이름 푸름	이르러도 이르러서 푸르러도 푸르러서
불러 달라	부르는 다른	부름 다름	부르면 불러서 다르면 달라서

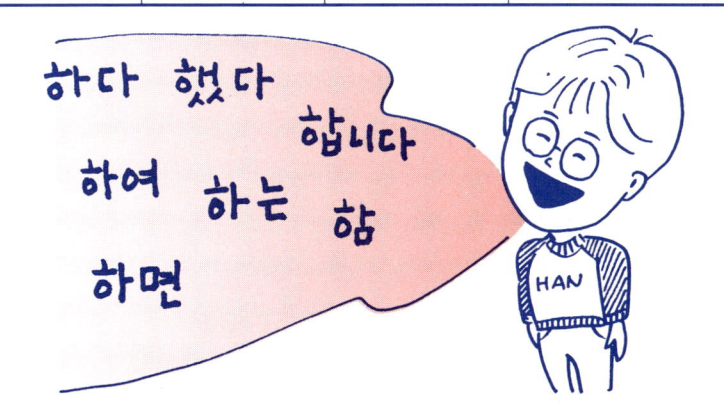

하다 했다
하여 하는 합니다
하면 함

主要動詞の活用

원형(原形) ウォニョン	과거(過去) クァゴ	현재(現在) ヒョンジェ	미래(未来) ミレ
가다 (行く) カダ	갔다 (行った) カッタ	간다 (行く) カンダ	가겠다 (行くでしょう) カゲッタ
감다 (閉じる)(巻く) カムタ	감았다 (閉じた)(巻いた) カマッタ	감는다 (閉じる)(巻く) カムヌンダ	감겠다 (閉じるでしょう)(巻くでしょう) カムケッタ
갚다 (返す)(報いる) カプタ	갚았다 (返した)(報いた) カパッタ	갚는다 (返す)(報いる) カムヌンダ	갚겠다 (返すでしょう)(報いるでしょう) カプケッタ
걷다 (歩く) コッタ	걸었다 (歩いた) コロッタ	걷는다 (歩く) コンヌンダ	걷겠다 (歩くでしょう) コッケッタ
걸다 (掛ける)(賭ける) コルダ	걸었다 (掛けた)(賭けた) コロッタ	건다 (掛ける)(賭ける) コンダ	걸겠다 (掛けるでしょう)(賭けるでしょう) コルゲッタ
굳다 (固くなる) クッタ	굳었다 (固くなった) クドッタ	굳는다 (固くなる) クンヌンダ	굳겠다 (固くなるでしょう) クッケッタ
긋다 (〔線を〕引く) クッタ	그었다 (引いた) クオッタ	긋는다 (引く) クンヌンダ	긋겠다 (引くでしょう) クッケッタ
날다 (飛ぶ) ナルダ	날았다 (飛んだ) ナラッタ	난다 (飛ぶ) ナンダ	날겠다 (飛ぶでしょう) ナルゲッタ
남다 (残る) ナムタ	남았다 (残った) ナマッタ	남는다 (残る) ナムヌンダ	남겠다 (残るでしょう) ナムケッタ
낳다 (産む) ナタ	낳았다 (産んだ) ナアッタ	낳는다 (産む) ナンヌンダ	낳겠다 (産むでしょう) ナッケッタ
널다 (干す) ノルダ	널었다 (干した) ノロッタ	넌다 (干す) ノンダ	널겠다 (干すでしょう) ノルゲッタ
놀다 (遊ぶ) ノルダ	놀았다 (遊んだ) ノラッタ	논다 (遊ぶ) ノンダ	놀겠다 (遊ぶでしょう) ノルゲッタ
놓다 (置く) ノタ	놓았다 (置いた) ノアッタ	놓는다 (置く) ノンヌンダ	놓겠다 (置くでしょう) ノッケッタ
늦다 (遅れる) ヌッタ	늦었다 (遅れた) ヌジョッタ	늦는다 (遅れる) ヌンヌンダ	늦겠다 (遅れるでしょう) ヌッケッタ
닦다 (磨く)(拭く) タクタ	닦았다 (磨いた)(拭いた) タッカッタ	닦는다 (磨く)(拭く) タンヌンダ	닦겠다 (磨くでしょう)(拭くでしょう) タッケッタ
닫다 (締める) タッタ	닫았다 (締めた) タダッタ	닫는다 (締める) タンヌンダ	닫겠다 (締めるでしょう) タッケッタ
닿다 (触れる)(着く) タタ	닿았다 (触れた)(着いた) タアッタ	닿는다 (触れる)(着く) タンヌンダ	닿겠다 (触れるでしょう)(着くでしょう) タッケッタ
덮다 (覆う) トプタ	덮었다 (覆った) トッポッタ	덮는다 (覆う) トムヌンダ	덮겠다 (覆うでしょう) トプケッタ

돋다 (昇る) トッタ (芽生える)	돋았다 (昇った) トダッタ (芽生えた)	돋는다 (昇る) トンヌンダ (芽生える)	돋겠다 (昇るでしょう) トッケッタ (芽生えるでしょう)
돌다 (回る) トルダ	돌았다 (回った) トラッタ	돈다 (回る) トンダ	돌겠다 (回るでしょう) トルゲッタ
돕다 (助ける) トプタ	도왔다 (助けた) トワッタ	돕는다 (助ける) トムヌンダ	돕겠다 (助けるでしょう) トプケッタ
두다 (置く) トゥダ	두었다 (置いた) トゥオッタ	둔다 (置く) トゥンダ	두겠다 (置くでしょう) トゥゲッタ
듣다 (聞く) トゥッタ	들었다 (聞いた) トゥロッタ	듣는다 (聞く) トゥンヌンダ	듣겠다 (聞くでしょう) トゥッケッタ
들다 (入る/持つ) トゥルダ	들었다 (入った/持った) トゥロッタ	든다 (入る/持つ) トゥンダ	들겠다 (入るでしょう/持つでしょう) トゥルゲッタ
막다 (阻む) マクタ	막았다 (阻んだ) マガッタ	막는다 (阻む) マンヌンダ	막겠다 (阻むでしょう) マッケッタ
맡다 (受け持つ) マッタ	맡았다 (受け持った) マッタッタ	맡는다 (受け持つ) マンヌンダ	맡겠다 (受け持つでしょう) マッケッタ
맺다 (結ぶ) メッタ	맺었다 (結んだ) メジョッタ	맺는다 (結ぶ) メンヌンダ	맺겠다 (結ぶでしょう) メッケッタ
먹다 (食べる) モクタ	먹었다 (食べた) モゴッタ	먹는다 (食べる) モンヌンダ	먹겠다 (食べるでしょう) モッケッタ
몰다 (追う) モルダ	몰았다 (追った) モラッタ	몬다 (追う) モンダ	몰겠다 (追うでしょう) モルゲッタ
묻다 (埋める) ムッタ	묻었다 (埋めた) ムドッタ	묻는다 (埋める) ムンヌンダ	묻겠다 (埋めるでしょう) ムッケッタ
묻다 (聞く) ムッタ	물었다 (聞いた) ムロッタ	묻는다 (聞く) ムンヌンダ	묻겠다 (聞くでしょう) ムッケッタ
믿다 (信ずる) ミッタ	믿었다 (信じた) ミドッタ	믿는다 (信ずる) ミンヌンダ	믿겠다 (信ずるでしょう) ミッケッタ
밀다 (押す) ミルダ	밀었다 (押した) ミロッタ	민다 (押す) ミンダ	밀겠다 (押すでしょう) ミルゲッタ
박다 (打ち込む) パクタ	박았다 (打ち込んだ) パガッタ	박는다 (打ち込む) パンヌンダ	박겠다 (打ち込むでしょう) パッケッタ
받다 (貰う) パッタ	받았다 (貰った) パダッタ	받는다 (貰う) パンヌンダ	받겠다 (貰うでしょう) パッケッタ
밟다 (踏む) パプタ	밟았다 (踏んだ) パルパッタ	밟는다 (踏む) パムンダ	밟겠다 (踏むでしょう) パプケッタ
뱉다 (吐く) ペッタ	뱉었다 (吐いた) ペッタッタ	뱉는다 (吐く) ペンヌンダ	뱉겠다 (吐くでしょう) ペッケッタ
벌다 (儲ける) ボルダ	벌었다 (儲けた) ポロッタ	번다 (儲ける) ポンダ	벌겠다 (儲けるでしょう) ポルゲッタ
보다 (見る) ポダ	보았다 (見た) ポアッタ	본다 (見る) ポンダ	보겠다 (見るでしょう) ポゲッタ

뵈다 (お目にかかる) ポェダ	뵈었다 (お目にかかった) ポェオッタ	뵌다 (お目にかかる) ポェンダ	뵈겠다 (お目にかかるでしょう) ポェゲッタ
빌다 (祈る) ピルダ	빌었다 (祈った) ピロッタ	빈다 (祈る) ピンダ	빌겠다 (祈るでしょう) ピルゲッタ
사다 (買う) サダ	샀다 (買った) サッタ	산다 (買う) サンダ	사겠다 (買うでしょう) サゲッタ
살다 (生きる) サルダ	살았다 (生きた) サラッタ	산다 (生きる) サンダ	살겠다 (生きるでしょう) サルゲッタ
솟다 (湧く) ソッタ	솟았다 (湧いた) ソサッタ	솟는다 (湧く) ソンヌンダ	솟겠다 (湧くでしょう) ソッケッタ
식다 (冷える) シクタ	식었다 (冷えた) シゴッタ	식는다 (冷える) シンヌンダ	식겠다 (冷えるでしょう) シッケッタ
신다 (履く) シンタ	신었다 (履いた) シノッタ	신는다 (履く) シンヌンダ	신겠다 (履くでしょう) シンケッタ
싣다 (積む) シッタ	실었다 (積んだ) シロッタ	싣는다 (積む) シンヌンダ	싣겠다 (積むでしょう) シッケッタ
심다 (植える) シムタ	심었다 (植えた) シモッタ	심는다 (植える) シムヌンダ	심겠다 (植えるでしょう) シムケッタ
안다 (抱く) アンタ	안았다 (抱いた) アナッタ	안는다 (抱く) アンヌンダ	안겠다 (抱くでしょう) アンケッタ
앉다 (すわる) アンタ	앉았다 (すわった) アンジャッタ	앉는다 (すわる) アンヌンダ	앉겠다 (すわるでしょう) アンケッタ
알다 (知る) アルダ	알았다 (知った) アラッタ	안다 (知る) アンダ	알겠다 (知るでしょう) アルゲッタ
얻다 (得る) オッタ	얻었다 (得た) オドッタ	얻는다 (得る) オンヌンダ	얻겠다 (得るでしょう) オッケッタ
얼다 (凍る) オルダ	얼었다 (凍った) オロッタ	언다 (凍る) オンダ	얼겠다 (凍るでしょう) オルゲッタ
엮다 (編む) ヨクタ	엮었다 (編んだ) ヨッコッタ	엮는다 (編む) ヨンヌンダ	엮겠다 (編むでしょう) ヨッケッタ
열다 (開く) ヨルダ	열었다 (開いた) ヨロッタ	연다 (開く) ヨンダ	열겠다 (開くでしょう) ヨルゲッタ
오다 (来る) オダ	왔다 (来た) ワッタ	온다 (来る) オンダ	오겠다 (来るでしょう) オゲッタ
외다 (暗記する) ウェダ	외었다 (暗記した) ウェオッタ	왼다 (暗記する) ウェンダ	외겠다 (暗記するでしょう) ウェゲッタ
울다 (泣く) ウルダ	울었다 (泣いた) ウロッタ	운다 (泣く) ウンダ	울겠다 (泣くでしょう) ウルゲッタ
웃다 (笑う) ウッタ	웃었다 (笑った) ウソッタ	웃는다 (笑う) ウンヌンダ	웃겠다 (笑うでしょう) ウッケッタ
읊다 (誦する) ウプタ	읊었다 (誦した) ウルッポッタ	읊는다 (誦する) ウムヌンダ	읊겠다 (誦するでしょう) ウプケッタ

익다 (熟する) イクタ	익었다 (熟した) イゴッタ	익는다 (熟する) インヌンダ	익겠다 (熟するでしょう) イッケッタ
읽다 (読む) イクタ	읽었다 (読んだ) イルゴッタ	읽는다 (読む) インヌンダ	읽겠다 (読むでしょう) イッケッタ
잃다 (失う) イルタ	잃었다 (失った) イロッタ	잃는다 (失う) イルルンダ	잃겠다 (失うでしょう) イルケッタ
입다 (着る) イプタ	입었다 (着た) イボッタ	입는다 (着る) イムヌンダ	입겠다 (着るでしょう) イプケッタ
잊다 (忘れる) イッタ	잊었다 (忘れた) イジョッタ	잊는다 (忘れる) インヌンダ	잊겠다 (忘れるでしょう) イッケッタ
자다 (寝る) チャダ	잤다 (寝た) チャッタ	잔다 (寝る) チャンダ	자겠다 (寝るでしょう) チャゲッタ
잡다 (取る) チャプタ	잡았다 (取った) チャバッタ	잡는다 (取る) チャムヌンダ	잡겠다 (取るでしょう) チャプケッタ
짓다 (作る) チッタ	지었다 (作った) チオッタ	짓는다 (作る) チンヌンダ	짓겠다 (作るでしょう) チッケッタ
짜다 (組み立てる) チャダ	짰다 (組み立てた) チャッタ	짠다 (組み立てる) チャンダ	짜겠다 (組み立てるでしょう) チャゲッタ
쫓다 (追う) チョッタ	쫓았다 (追った) チョッチャッタ	쫓는다 (追う) チョンヌンダ	쫓겠다 (追うでしょう) チョッケッタ
차다 (満ちる) チャダ	찼다 (満ちた) チャッタ	찬다 (満ちる) チャンダ	차겠다 (満ちるでしょう) チャゲッタ
캐다 (掘る) ケダ	캐었다 (掘った) ケオッタ	캔다 (掘る) ケンダ	캐겠다 (掘るでしょう) ケゲッタ
크다 (成長する) クダ	컸다 (成長した) コッタ	큰다 (成長する) クンダ	크겠다 (成長するでしょう) クゲッタ
타다 (焼ける) (乗る) タダ	탔다 (焼けた) (乗った) タッタ	탄다 (焼ける) (乗る) タンダ	타겠다 (焼けるでしょう) (乗るでしょう) タゲッタ
트다 (芽が出る) (開く) トゥダ	텄다 (芽が出た) (開いた) トッタ	튼다 (芽が出る) (開く) トゥンダ	트겠다 (芽が出るでしょう) (開くでしょう) トゥゲッタ
파다 (しゃくる) パダ	팠다 (しゃくった) パッタ	판다 (しゃくる) パンダ	파겠다 (しゃくるでしょう) パゲッタ
팔다 (売る) パルダ	팔았다 (売った) パラッタ	판다 (売る) パンダ	팔겠다 (売るでしょう) ハルゲッタ
하다 (する) ハダ	하였다〔했다〕 (した) ハヨッタ ヘッタ	한다 (する) ハンダ	하겠다 (するでしょう) ハゲッタ
핥다 (なめる) ハルタ	핥았다 (なめた) ハルッタッタ	핥는다 (なめる) ハルルンダ	핥겠다 (なめるでしょう) ハルゲッタ
흩다 (散らす) フッタ	흩었다 (散らした) フットッタ	흩는다 (散らす) フンヌンダ	흩겠다 (散らすでしょう) フッケッタ

韓国の童謡

(カセットの歌はKBS放送局児童合唱団です)

짝 짜 꿍

1. 엄마 앞에서 짝자꿍
2. 햇님 보면서 짝자꿍

아빠 앞에서 짝자꿍 엄마 한숨은
도리도리— 짝자꿍 우리엄마가

잠자고 아빠 주름살 펴져라.
웃는다 우리 아빠가 웃는다.

チャッチャックン（手拍子の意味）

1 オムマの前で　チャッチャックン
2 おひさまを見ながら　チャッチャックン

アッパの前で　チャッチャックン　オムマはひと
くるくる回って　チャッチャックン　ウリ　オムマが

ねむりし　アッパの小じわよなくなれ
笑い　ウリアッパが笑う

안 녕

우리 서로 학교길에 만나면 만나면
웃는 얼굴하고 인사 나눕시다
애 들아 안녕.

アンニョン

学校へ行く道で会うときには必ず
笑顔であいさつしましょう
ねえ　アンニョン（この歌は意訳しました）

누가누가 잘하나

누가 누가 누가 누가 누가 누가 잘하나
누가 누가 누가 누가 누가 누가 잘하나
도래미파 솔라시도
도래 도시라솔 누가 누가 잘하나
누가 누가 잘하나 누가 누가 잘하나
라 라 라 라 라 라 라 라
누가 누가 잘하나
누가 누가 잘하나 누가 누가 잘하나.

《재 창》

だれがだれが 上手かな

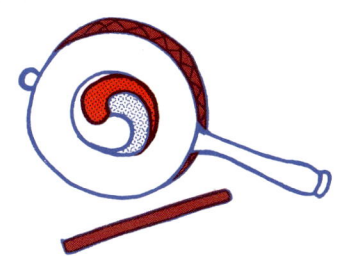

誰が 誰が 誰が 誰が 誰が 誰が 上手かな
〃 〃 〃 〃 〃 〃
ドレミファ ソラシド
ドレ ドシラソ 誰が 誰が 誰が 上手かな
誰が 誰が 上手かな 誰が 誰が 上手かな
ラ ラ ラ ラ ラ ラ ラ ラ ラ
誰が 誰が 上手かな
誰が 誰が 上手かな 誰が 誰が 上手かな
《くりかえし》

가나다라

가나다라 마바사아 자차카타파하
재미나는 한글 빨리 배우자
아야 어여 오요 우유 으이
재미나는 한글 배우자
가나다라 마바사아 자차카타파하
재미나는 한글 빨리 배우자.

カナタラ

カナタラ マバサア チャッチャカタパハ
おもしろいハングル早く学ぼう
アヤ オヨ オヨ ウユ ウイ
おもしろい ハングル 学ぼう
カナタラ マバサア チャッチャカタパハ
おもしろいハングル早く学ぼう

우리 어머니

1. 어머니 어머니 우리어머니 내몸과
   내동생 낳아주시고 사랑과 수고로 길러주시네.
2. 어머니 어머니 착한어머니 우리들
   자라서 귀회되라고 언제나 언제나 말씀하셔요.

ウリ オモニ

1 オモニ オモニ ウリオモニ ぼくと
2 オモニ オモニ やさしいオモニ ぼくたち

弟を生んでくれて　愛と苦労で育ててくれる
大きくなってえらくなれと　いつもいつもおっしゃいます

우리 할머니

할머니 머리엔 눈이 왔어요
벌써 벌써 하얗게 눈이 왔어요
그래도 나는 나는 제일 좋아요
우리 우리 할머니가 제일 좋아요.

ウリ ハルモニ

ハルモニの頭に雪が降ったよ
ずーっと前に　白く雪が降ったよ
それでも　私は一番好きよ
ウリウリハルモニが一番好きよ

例外的な読み方の規則

1 　ㄱ、ㄷ、ㅂ、ㅅ、ㅈ……などの硬いパッチムのつぎにくるㄱ、ㄷ、ㅂ、ㅈは濁音にならないで清音(正確には濃音)になります。
　　　例　　학교→[학꾜](学校)　　국밥→[국빱](クッパ)
　　　　　　ハクキョ　　　　　　　　ククパプ
　　　　　　압박→[압빡](圧迫)　　묻다←[묻따](問う、埋める)
　　　　　　アプパク　　　　　　　　ムッタ

2 　ㄱ、ㄲ、ㅋ、ㄳ、ㄺのパッチムが、ㄴ、ㄹ、ㅁなどの子音に続いている場合、つまりㄱ(ㄲ・ㅋ・ㄳ・ㄺ)＋ㄴ・ㄹ・ㅁ→ㅇ
　　　例　　먹는다→[멍는다](食べる)
　　　　　　モンヌンダ
　　　　　　한국말→[한궁말](韓国語)
　　　　　　ハングンマル

3 　ㅂ、ㅍ、ㅄ、ㄼ、ㄿのパッチムが、ㄴ、ㄹ、ㅁなどの子音に続いている場合、つまりㅂ(ㅍ・ㅄ・ㄼ・ㄿ)＋ㄴ・ㄹ・ㅁ→ㅁ
　　　例　　밥맛→[밤맛](食物)　　입문→[임문](入門)
　　　　　　パムマッ　　　　　　　イムムン

4 　ㄷ(ㅌ)・ㅅ(ㅆ)・ㅈ(ㅊ)・ㅎ＋ㄴ・ㅁ→ㄴ
　　　例　　닫는다→[단는다](閉める)
　　　　　　タンヌンダ
　　　　　　짖는다→[진는다](吠える)
　　　　　　チンヌンダ

　⇨ 2、3、4をまとめて言えば、硬いパッチムと軟らかい子音(硬い、軟らかいについては126ページ参照)が続いている場合、硬いパッチムは次音の軟らかい子音に軟化されて、軟かい音になります。

5 　ㄴ＋ㄹ、ㄹ＋ㄴ → ㄹ＋ㄹ
　　　例　　천리→[철리](千里)　　반란→[발란](反乱)
　　　　　　チョリ　　　　　　　　パルラン

6　ㄱ・ㅁ・ㅂ・ㅇ＋ㄹ → ㅇ・ㅁ・ㅁ・ㅇ＋ㄴ

例　종로→[종노](鍾路)　감루→[감누](感涙)
チョンノ　カムヌ
독립→[동닙](独立)　협력→[혐녁](協力)
トンニプ　ヒョムニョク

⇨독립、협력は、それぞれぞれ2の規則、3の規則が同時に働いています。

7　ㄱ・ㄷ・ㅂ・ㅈ(語頭でも받침でも可)がㅎ(語頭でも받침でも可)と前後している場合、ㄱ・ㄷ・ㅂ・ㅈは→ㅋ・ㅌ・ㅍ・ㅊになります。

例　식히다→[시키다](冷やす)
シ(ッ)キダ
좋다→[조타](良い)
チョ(ッ)タ
밟히다→[발피다](踏まれる)
パルピダ
앉히다→[안치다](座らせる)
アンチダ

⇨(ッ)は次音が激音なので、日本語の促音ツを入れて発音するほうがより近似音が自然に出せるので入れておきました。またㅅ＋ㅎ、ㅎ＋ㅅの場合はㅅ音はㅆとなります。例　좋소→[조쏘]
チョ(ッ)ソ

8　朝鮮語の動詞・形容詞で、ㄹ받침を除いて語尾の다の直前に받침がある場合、다は→[―따]と発音し、濁りません。

例　신다→[신따](履く)　먹다→[먹따](食べる)
シンタ　ヨクタ
앉다→[안따](座わる)　심다→[심따](植える)
アンタ　シムタ

9　ㄷ・ㅌ＋이 → 지・치

例　미닫이→[미다지](障子)　같이→[가치](いっしょに)
ミダジ　カ(ッ)チ

10　漢字語の場合に限り、ㄹ＋ㄷ、ㄹ＋ㅅ、ㄹ＋ㅈにおいて、ㄷ・ㅅ・ㅈ→ㄸ・ㅆ・ㅉになります。

例　발전→[발쩐](発展)　발달→[발딸](発達)
パルチョン　パルタル
물질→[물찔](物質)　실제→[실쩨](実際)
ムルチル　シルチェ

辞書の引き方

　英語の辞書はアルファベットのABCD……順に単語が配列されていますが、朝鮮語の辞書は子音のㄱ、ㄴ、ㄷ、ㄹ、ㅁ、ㅂ、ㅅ、ㅇ、ㅈ、ㅊ、ㅋ、ㅌ、ㅍ、ㅎの順序に従って単語が配列されています。ところで濃音のㄲ、ㄸ、ㅃ、ㅆ、ㅉの扱いですが、小辞典ではㄱ、ㄷ、ㅂ、ㅅ、ㅈの中にまざっている場合が多く、中・大辞典ではㄱ、ㄷ、ㅂ、ㅅ、ㅈの項の見出しが終ったあとに、それぞれㄲ、ㄸ、ㅃ、ㅆ、ㅉを組み入れています。つまり、ㄱ→ㄲ、ㄷ→ㄸ、ㅂ→ㅃ、ㅅ→ㅆ、ㅈ→ㅉとなっています。

　子音のつぎは母音、받침と続きます（받침の順序は、받침が子音で作られているので、子音の順序と同じです）。つまり、辞書を引くときの優先順序は、子音→母音→받침となります。なお母音の順序はつぎの通りです。

　ㅏ、ㅐ、ㅑ、ㅒ、ㅓ、ㅔ、ㅕ、ㅖ、ㅗ、ㅘ、ㅙ、ㅚ、ㅛ、ㅜ、ㅝ、ㅞ、ㅟ、ㅠ、ㅡ、ㅢ、ㅣ。

　以上でひと通り辞書の引きかたの説明をしましたが、ㄱの項の見出しの配列順序は、形式上このようになっています。

　가 각………갛、개 객………갱、갸 갹………걓、걔 걕………걩、…………기………깋、そしてこのあとに까 깍………깧…………끻。

　なお北朝鮮の辞書の単語の配列は、韓国とは異なっています。北朝鮮のものも、同じく子音の順序→母音の順序→받침の順序で単語が配列されていますが、ㄲ、ㄸ、ㅃ、ㅆ、ㅉをそれぞれ独立した子音にしてㅎのあとに続けている点と、複合形母音の順序が異なっている点、さらに子音のㅇの行を一番最後に配列している点などが大きな違いと言えましょう。

南北ハングル事情

　朝鮮半島は38度線を境にして南北に分断されています。世界でも、一民族・一言語の典型的な国が分断していることは悲しい現実です。分断によって、ハングルは南北の間で若干の違いを見せています。

1　母音の順序が南北では異なります。基本母音の部分は同じですが、複合形の5番目から異なります。なお子音の順序は同じです。
　　南　ㅏㅑㅓㅕㅗㅛㅜㅠㅡㅣㅐㅒㅔㅖㅘㅙㅚㅝㅞㅟㅢ
　　北　　　　〃　　　　　　　　　ㅚㅟㅢㅘㅝㅙㅞ

2　よく使われる終止形、「あります」「いません」の正書法が異なります。

　　　　　　「あります」　　　　「いません」　　　※　現在は、南北とも同じ綴りに
　　南　　있읍니다　　　　　　 없읍니다　　　　　　　なりました。
　　　　　イ(ッ)スムニダ　　　　オプスムニダ　　　　　1989年までは、左のように違
　　北　　있습니다　　　　　　 없습니다　　　　　　　っていました。

　　⇒意味・発音とも全く同じです。なお南でも읍니다の直前にㅆないし
　　　ㅅ받침がないときは、北と同じく습니다と表記します。例
　　　　例　좋습니다（いいです、よろしい）。웃습니다（笑います）。
　　　　　　チョ(ッ)スムニダ　　　　　　　　　　　　　ウ(ッ)スムニダ

3　ㅣ、ㅐ、ㅒ、ㅔ、ㅖ、ㅗ、ㅜ、ㅣに続く（つまりｉ母音に続く）여は、南では어と綴ります。発音は南北ともにヨです。
　　例　하였다は南北ともに同じですが、되었다、보내었다などは、北では
　　　　ハヨ(ッ)タ　　　　　　　　　　　　テヨ(ッ)タ　ボネヨ(ッ)タ
　　　되였다、보내였다と綴ります。これらは綴りは違っても発音は同じ
　　　テヨ(ッ)タ　ボネヨ(ッ)タ
　　　です。

4　南では単語の語頭にㄹ、ㄴがくるときは、ㄹはㄴかㅇに、ㄴは場合によってㅇに軟化させて発音しますが、北では原則上では音価を変えないでそのまま発音することになっています（表記上はその通りですが、実際の発音→日常会話では北も南も同じ音です）。

南では、ㄹがㅏㅗㅜㅣㅐㅚなどの母音と組合わさっている場合、ㄹはㄴと綴り、綴りどおり発音します。
例　내년（→래년 / 来年）　　난잡（→란잡 / 乱雑）
　　　ネニョン　　　　　　　　ナンジャプ

　南では、ㄹ、ㄴがㅑㅕㅛㅠㅣㅖなどの母音と組合わさっている場合、ㄹ、ㄴはともにㅇと綴り、綴りどおり発音します。
例　양친（→량친 / 両親）　　요리（→료리 / 料理）
　　　ヤンチン　　　　　　　　ヨリ
　　이씨（→리씨 / 李氏）　　역사（→력사 / 歴史）
　　　イ シ　　　　　　　　　　ヨクサ

　南では、렬、률は語頭だけでなく、次音にあっても前の音にパッチムがなかったりㄴ받침で終わるときは열、율と綴り、綴りどおり発音します。
例　나열（→라렬 / 羅烈）　　고율（→고률 / 高率）
　　　ナヨル　　　　　　　　　コユル
　　분열（→분렬 / 分裂）
　　　プニョル

⇨　（　）内の→印のついた表記が元の形で、北ではそれを使っています。なお南でも、外来語および外国の固有名詞については、ㄹ、ㄴは語頭にきてもそのまま表記し、発音するようにしています。
例　라디오（ラジオ）　　　　뉴욕（ニューヨーク）
　　　ラディオ　　　　　　　　ニュヨク

5　外来語および外国の固有名詞の表記に、南北の間では若干の違いが見られます。

6　南北ではその体制の違いによって、政治・経済・社会・文化などの分野における新しい語彙や外来語（南は主に欧米から、北は相対的に少ないがソ連から）に若干の違いが見られます。

体 の 名 称 (몸의 명칭)

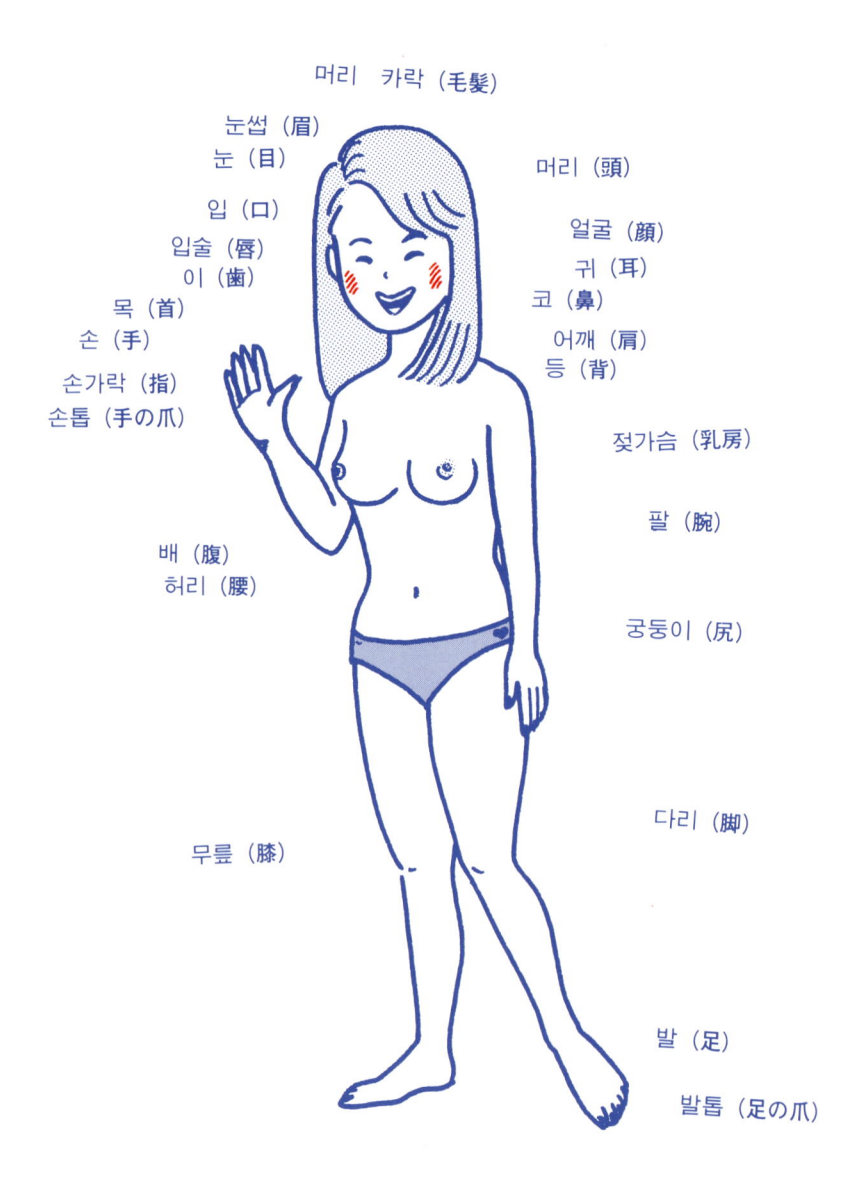

머리 카락 (毛髪)

눈썹 (眉)
눈 (目)
입 (口)
입술 (唇)
이 (歯)
목 (首)
손 (手)
손가락 (指)
손톱 (手の爪)

머리 (頭)
얼굴 (顔)
귀 (耳)
코 (鼻)
어깨 (肩)
등 (背)

젖가슴 (乳房)

팔 (腕)

배 (腹)
허리 (腰)

궁둥이 (尻)

다리 (脚)

무릎 (膝)

발 (足)
발톱 (足の爪)

著者について

金 容 権
キム ヨン グォン

1947年岡山県生まれ。
1971年早稲田大学文学部卒。
主な著書に『朝鮮語のきまり文句』（南雲堂）
　　　　　『朝鮮語単語文法活用辞典』（共著，南雲堂）
　　　　　『ハングル12章』（講談社）
など多数ある。

オール・イラスト《CD付き》
新版 ハングルの初歩の初歩　　〈検印省略〉

2002年 3月 6日　1刷
2006年 8月 4日　4刷

著　者　　金　容　権

発行者　　南　雲　一　範

印刷所　　赤城印刷株式会社
製本所　　有限会社松村製本所
発行所　　株式会社 南雲堂
　　　　　東京都新宿区山吹町361番地／〒162-0801
　　　　　振替口座・００１６０－０－４６８６３
　　　　　電話(書店関係・営業部)(03) 3268－2384
　　　　　ファクシミリ・東京 (03) 3260－5425

乱丁・落丁本はご面倒ですが小社通販係宛ご送付下さい。
送料小社負担にてお取替えいたします。

ISBN4-523-51050-4 C0087
〈P-50〉116165
Printed in Japan

南雲堂のハングル・好評既刊

ハングルで手紙を 書き方と基礎知識
姜　求栄著　B6/168頁　定価(本体1456円＋税)
ハングルで手紙を書くときの、ノウハウを紹介。

ハングルひとくち会話辞典
金　容権監修／二宮　豊著　文庫/312頁　定価(本体1456円＋税)
別売テープ(全4巻)　各定価(本体2019円＋税)
アイウエオ順で引ける毎日使う単語とやさしい日常会話をルビ付で集めた文庫本。

そのまま使える韓国語会話
朴　勇俊著　B6変型/192頁　定価(本体1800円＋税)
別売テープ(全1巻)　定価(本体2500円＋税)
トラベル編とビジネス編の場面で有用な表現をカタカナルビを付けて収録。

漢字活用初級ハングル
姜　求栄著　四六/192頁　定価(本体1553円＋税)
日本語と韓国語との類似点をも揚げながら、興味深く学習できる入門書。

すぐわかるハングル文法
尹　宣熙著　四六/184頁　定価(本体2427円＋税)
日本語と対立しつつ、品詞別に分類した、わかりやすい文法書。

入門ハングル文法と会話
姜　求栄著　四六/208頁　定価(本体2136円＋税)
別売テープ(全1巻)　定価(本体2505円＋税)
日本語とハングルの差異と類似性をみきわめてやさしく書かれた入門書。

사랑방 배치도
〔舎廊房＝主人の部屋の配置図〕

안방 배치도
〔内房＝主婦の部屋の配置図〕

장
〔欌＝タンス〕

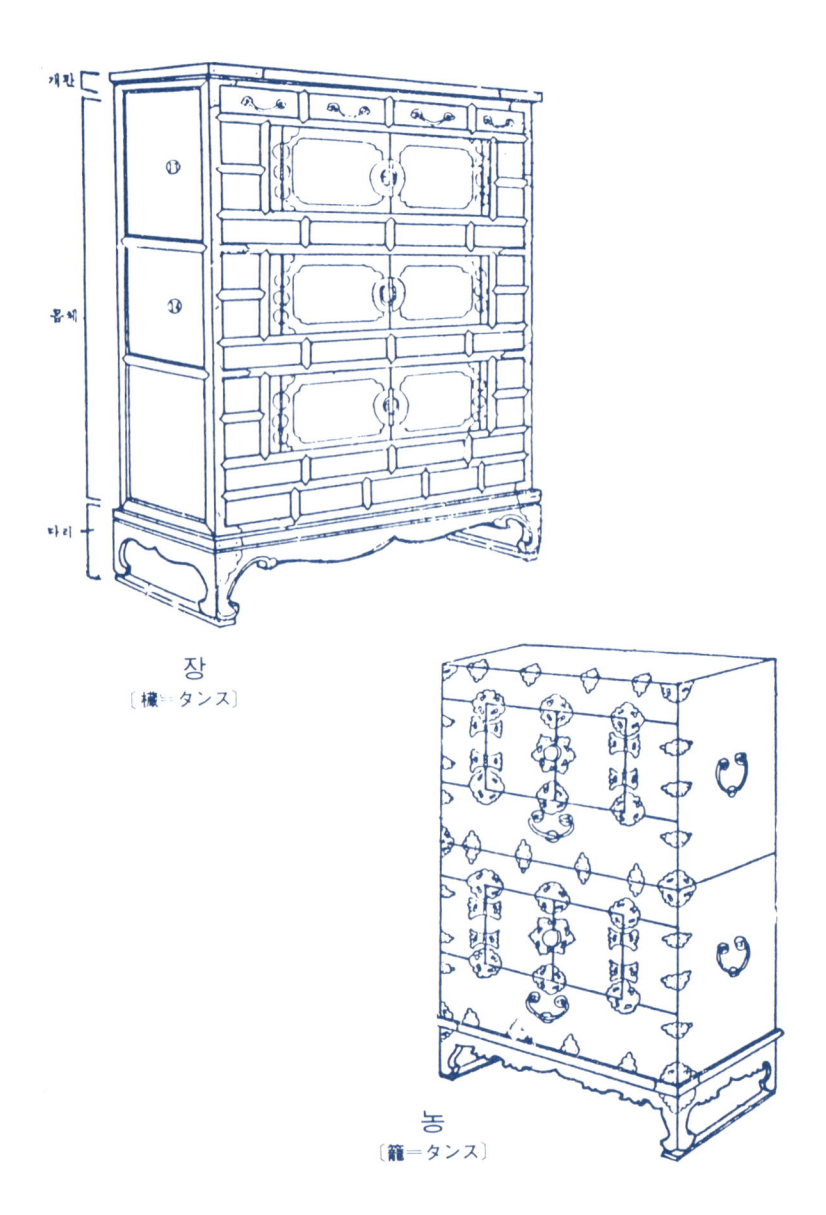

농
〔籠＝タンス〕

반닫이
〔半開きタンス〕

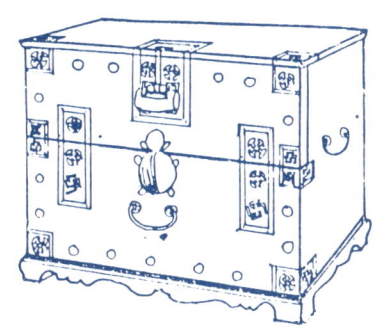

문갑
〔文匣　文書・文房具入れ〕

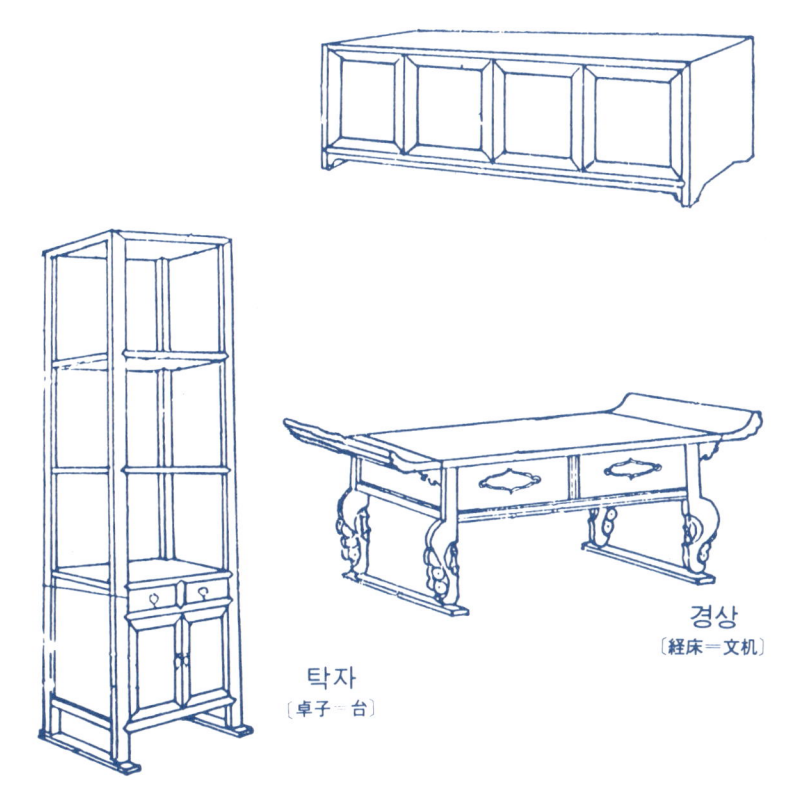

탁자
〔卓子＝台〕

경상
〔経床＝文机〕